AUTORES:

JAVIER MENDIARA RIVAS

PEDRO GIL MADRONA

PSICOMOTRICIDAD EDUCATIVA

Título:	PSICOMOTRICIDAD EDUCATIVA.
Autores:	JAVIER MENDIARA RIVAS, PEDRO GIL MADRONA,
Editorial:	WANCEULEN EDITORIAL DEPORTIVA, S.L. www.wanceulen.com
ISBN:	978-84-9993-422-8

Dep. Legal:
©Copyright: WANCEULEN EDITORIAL DEPORTIVA, S.L.
Primera Edición: Año 2016
Impreso en España

Reservados todos los derechos. Queda prohibido reproducir, almacenar en sistemas de recuperación de la información y transmitir parte alguna de esta publicación, cualquiera que sea el medio empleado (electrónico, mecánico, fotocopia, impresión, grabación, etc), sin el permiso de los titulares de los derechos de propiedad intelectual. Cualquier forma de reproducción, distribución, comunicación pública o transformación de esta obra solo puede ser realizada con la autorización de sus titulares, salvo excepción prevista por la ley. Diríjase a CEDRO (Centro Español de Derechos Reprográficos, www.cedro.org) si necesita fotocopiar o escanear algún fragmento de esta obra.

A Pedro Pablo Berruezo y Adelantado (In memoriam)

ÍNDICE

PRÓLOGO 9
LA PSICOMOTRICIDAD EDUCATIVA 13
INTRODUCCIÓN 13
CAPÍTULO 1. LA PSICOMOTRICIDAD 19
    1.1. Nacimiento de la psicomotricidad 19
    1.2. Evolución de la psicomotricidad 20
    1.3. La psicomotricidad hoy 23
CAPÍTULO 2. LA PSICOMOTRICIDAD EDUCATIVA 27
    2.1. Corrientes aparecidas 27
    2.2. Autores representativos 28
        2.2.1. Jean Le Boulch 28
        2.2.2. Louis Picq y Pierre Vayer 30
        2.2.3. André Lapierre y Bernad Aucouturier 31
    2.3. Postulados 35
        2.3.1. Aspectos psicológicos 35
        2.3.2. Aspectos pedagógicos 37
        2.3.3. Aspectos didácticos 37
        2.3.4. Aspectos relacionados con la circunstancia ambiental 38
        2.3.5. Aspectos metodológicos 39
        2.3.6. Aspectos relacionados con la evaluación 40
    2.4. Concepto 42
CAPÍTULO 3. LA PSICOMOTRICIDAD EDUCATIVA EN ESPAÑA 47
    3.1. Recorrido histórico 47
        3.1.1. Primera época (hasta el año 1980): antecedentes y llegada 47
        3.1.2. Segunda época (1980-1985): asentamiento y expansión 50
        3.1.3. Tercera época (1985 hasta hoy): integración 54
    3.2. Tendencia actual 59
    3.3. Propuesta general de intervención 60

    3.3.1. Factores perceptivo motores 63
    3.3.2. Factores físico motores 66
    3.3.3. Factores afectivo relacionales 68
    3.3.4. Eje didáctico vertebrador 71
    3.3.5. Conclusión 73
REFERENCIAS BIBLIOGRÁFICAS 75

PRÓLOGO

Cuando las ciencias humanas estaban regidas por el paradigma dicotómico que entendía al hombre como el resultado de la adición de dos elementos, cuerpo y espíritu, psique y soma, parecía incuestionable que las competencias del profesor de educación física, como su propia denominación indicaba, se refirieran, exclusivamente, a la parte material, orgánica, física, al soma, al cuerpo.

Sin embargo, la sustitución de este modelo produciría una revisión crítica y una nueva orientación en todas las ciencias del hombre y, también, en la educación corporal. Antes de acabar el siglo XIX, Pedro de Alcántara García, adelantándose cinco años a los planteamientos que formula Freud en sus estudios sobre la histeria, ya consideraba erróneo el modelo dicotómico y proponía otro unitario y global donde la naturaleza humana sería una sola realidad en la que, en todo caso, cabría distinguir distintas dimensiones como la psíquica y la física.

Muy pronto, en Francia, esta nueva formulación tendrá consecuencias decisivas. Primero, desde el ámbito de la Medicina y, más tarde, desde la Psicología, surgirán aportaciones diversas que, desde postulados semejantes, permitirán construir una alternativa doctrinal y epistemológica a los viejos planteamientos. Para diferenciarlas de aquellas otras derivadas de los ya obsoletos paradigmas tradicionales, dicotómicos y cartesianos se convino en denominarlas bajo el apelativo genérico de psicomotricidad.

Estos planteamientos fundamentados en las nuevas perspectivas exigían una revisión crítica, doctrinal, epistemológica y metodológica y, como consecuencia, el uso de una terminología inédita que reflejara la nueva conceptualización y sus fines específicos. Se sustituye el término de educación física por los de educación por el movimiento, psicocinética o educación psicomotriz y lo mismo se hace con el primer referente, el cuerpo, al que ahora se denominará *"lo corporal"*. Junto a esta renovación se revisan los objetivos, los recursos y, como consecuencia, la praxis pedagógica y los procedimientos de intervención.

Pero, fundamentalmente, este proceso no es otra cosa que el reflejo y la aplicación de una nueva forma de entender al hombre y, por tanto, de entender el cuerpo y las relaciones que entre las distintas dimensiones de su naturaleza puedan establecerse. Esta nueva formulación, en la que ya no es posible distinguir los distintos aspectos para otorgarles tratamientos independientes e inconexos, proporcionó a la educación física una ampliación de sus posibilidades de intervención y, al mismo tiempo, le impuso nuevas competencias proporcionándole nuevos fines y objetivos.

En el ámbito de la educación física, aunque algunos todavía no quieran reconocerlo, la psicomotricidad hizo saltar por los aires los viejos objetivos que reducían su intervención a los estrechos límites que requieren potenciar las condiciones físicas básicas o de desarrollar determinadas destrezas deportivas. La psicomotricidad entiende que la educación física también ha de ampliar sus responsabilidades hasta interesarse por aquellos otros objetivos que la comprensión unitaria del hombre le permite y le exige ahora: los ámbitos afectivo, cognitivo, tónico-emocional y simbólico. Aunque con más de medio siglo de retraso, con esta denominación también se plantean en la esfera de la educación física nuevas perspectivas que, con el calificativo de "Psicomotricidad", pretenden distinguirse de aquellas otras formulaciones tradicionales que, desde posturas radicalmente dualistas y cartesianas, habían dominado, hasta entonces, el ámbito educativo de la educación física.

A lo largo de la segunda mitad del siglo XX se han mantenido estas dos posiciones sin demasiado hostilidad entre ellas, en una coexistencia pacífica resultado de un reparto de ámbitos que, frecuentemente, fueron establecidos en función de los objetivos específicos que con la intervención se pretendían o del tipo de facultativo encargado de realizarla. A este respecto, ha de reconocerse que, al menos en España, la aplicación de los postulados psicomotrices no fue realizada con demasiado entusiasmo por unos profesores de educación física especialmente interesados por el rendimiento deportivo y por las cualidades físicas. Dejaban, así, el campo libre a otros profesionales que finalmente pretenderán hacer de la psicomotricidad una ciencia y un oficio específico en el que también quedaría incluido el campo de intervención, los objetivos y ciertos cometidos propios del profesor de educación física. Por estas razones siempre es reconfortante que, como en este caso, desde la educación física se difundan cuantas iniciativas propongan adecuar sus planteamientos y sus recursos metodológicos a las orientaciones psicomotricistas.

Al margen de toda esta dinámica, desde los últimos años del siglo XX, sin una aparente premeditación o intencionalidad concreta, a mí me ha parecido detectar un menor énfasis en el uso de los términos de psicomotricidad y de educación física, tal y como tradicionalmente se entendían. No siendo tan urgente o necesario establecer las diferencias entre ambas parecería que se ha logrado un consenso conceptual que lo hace innecesario. Todo parece indicar que los nuevos planteamientos con los que se aborda el siglo XXI, abandonando las perspectivas analíticas tan útiles hasta ahora, se interesan más por las perspectivas holísticas y por el entendimiento de aquellos procesos conductuales con los que, en definitiva, se ha de expresar la presencia cósmica del hombre y mediante los cuales, únicamente, podrá resolver su problema existencial.

En adelante será posible elegir determinados tipos de manifestaciones conductuales como objeto de estudio, podrán interesar, en distinta medida, unos determinados procesos o se describirán todos ellos utilizando el apoyo de diferentes sistemas psicológicos o de reflexión, pero difícilmente podrán argumentarse modelos que ignoren la intervención que, formando un complejo indisoluble, constituyen todos los dominios de la naturaleza humana. En adelante las diferencias se establecerán más en función de la especificidad de los objetivos de la intervención, de los recursos empleados o de la metodología utilizada que por el paradigma que se utilice para entender al hombre y su conducta.

Esta circunstancia, sin duda, produce un cierto grado de ambigüedad que difumina los viejos y seguros límites con los que se pretendía diferenciar a la educación física de la psicomotricidad. No parecen ya necesarias las distinciones porque ya nadie rechaza los planteamientos fundamentales que justificaron la categoría psicomotriz. Ahora, llámese motricidad o actividad física, lo que interesa es una expresión conductual que sólo puede explicarse de manera global y holística; el comportamiento en que intervienen la totalidad de los dominios y dimensiones de lo corporal, de la corporalidad, de la corporeidad o como quiera denominarse en cada caso.

Por tanto, entendemos que, como ocurre en esta obra, la referencia a la psicomotricidad ya solo se justifica desde intereses metodológicos más que conceptuales. Si aún posee vigencia el uso del referente *"psicomotricidad"* no será tanto porque se requiera expresar algo distinto a los contenidos que enuncia la *"motricidad"* sino porque apela, continúa o se inspira en las soluciones metodológicas que usaron con anterioridad esta denominación y también porque, como ellas, se interesa más específicamente por determinados objetivos, porque usa recursos concretos y porque aplica principios didácticos semejantes.

Así nos lo proponen también Pedro Gil Madrona y Javier Mendiara Rivas cuando contemplan la globalidad de la conducta analizando los factores perceptivos, los factores motores y los factores relacionales. Lo específico de la obra de estos autores es la decidida orientación que realizan hacia el ámbito educativo, adecuándola, a través de un análisis comparativo, a las orientaciones didácticas del sistema educativo español. Quizá por eso, siguiendo como hilo conductor la tradición de la psicomotricidad educativa española, utilizan como cimientos principales de su propuesta la oferta metodológica que describen las tres grandes corrientes que prácticamente han monopolizado la intervención que desde la inspiración psicomotricista se ha realizado en el ámbito de la educación física española: la corriente psicopedagógica de Pierre Vayer, la psicocinética de Jean Le Boulch y la psicomotricidad relacional de André Lapierre y Bernard Aucouturier.

Resulta coherente la elección si se considera la vinculación de los autores a este ámbito tanto como consecuencia de su función académica como del desempeño de sus funciones docentes o del desarrollo de su labor investigadora en la Universidad. Desde este compromiso se ensaya una aproximación conceptual a la noción de psicomotricidad para, con un claro sesgo histórico, abordar el análisis de la evolución, del desarrollo y de la contribución de la psicomotricidad al ámbito educativo.

Como resultado de este análisis, los autores describen lo que podría constituir el núcleo esencial o el concepto fundamental alrededor del cual elaborar la presencia de la psicomotricidad en la programación escolar y en el marco normativo que ordena académicamente la educación física en el sistema educativo.

Con esta obra, que por sí misma ya sugiere la necesidad de una continuidad, Gil Madrona y Mendiara Rivas intentan, y consiguen en aquellos aspectos en que centran su análisis, concretar un concepto, el de *"psicomotricidad"*, que a menudo ha sido utilizado de manera superficial e incoherente. Con el tratamiento que estos autores dispensan a la psicomotricidad, ésta deja de ser una mera alusión ambigua para evidenciarse como una alternativa metodológica, cuyo uso y aplicación didáctica requiere de una intencionalidad claramente expresada y de un compromiso teórico basado en el rigor de unos planteamientos multidisciplinares y de rotunda vinculación antropológica.

La contribución más importante que a nuestro juicio realiza esta obra es la de demostrar que educación física y psicomotricidad no tienen por qué ser dos conceptos antagónicos o diferentes. Si se puede intentar educar físicamente desde diversas perspectivas, inspirándose en diferentes sistemas pedagógicos o en modelos teóricos y metodológicos diversos, la educación física puede admitir formulaciones alternativas, una de las cuales sería la psicomotricista.

En cualquier caso, al proporcionarnos una definición clara y concisa de lo que es la psicomotricidad, los autores de esta obra favorecen el desarrollo de una buena praxis y el diseño de intervenciones eficaces en educación física.

José Luis Pastor Pradillo
Universidad de Alcalá

LA PSICOMOTRICIDAD EDUCATIVA

INTRODUCCIÓN

El presente texto actualiza y renueva otro anterior "Psicomotricidad: evolución, corrientes y tendencias actuales" (Mendiara y Gil, año 2003, editorial Wanceulen). Como aquel, es una obra fruto de la reflexión, del estudio empírico, conceptual y epistemológico sobre la psicomotricidad, ese gran hallazgo, rastreado y descubierto entre los siglos XIX y XX, que ha puesto en evidencia la relación existente entre motricidad y psiquismo.

La psicomotricidad, al introducir la idea de globalidad corporal (entendida como el estado de unión de lo motor, lo cognitivo, lo afectivo y lo relacional), ha resultado ser un concepto clave para entender y estimar el papel preponderante que hoy día tiene el cuerpo como totalidad (lugar de encuentro simultáneo y unitario de movimiento, emociones y pensamiento) y como eje central sobre el que gira la construcción de la personalidad.

Nuestra aportación aquí ofrece datos del origen, conceptualización, y evolución de la psicomotricidad. Recoge su inmersión en el campo educativo, las premisas de las corrientes y autores tradicionales considerados más representativos, los postulados que la distinguen y caracterizan, así como nuestra propia idea o definición. Luego aborda el desarrollo histórico en el marco normativo escolar español (hasta el año 2016). En la línea de contribuir a la consecución de un concepto unificado e integral, concluye reflejando su situación actual y haciendo una propuesta de intervención basada en la confluencia e interacción de los factores que componen la idea de globalidad. La obra sigue el siguiente esquema (gráfica 1):

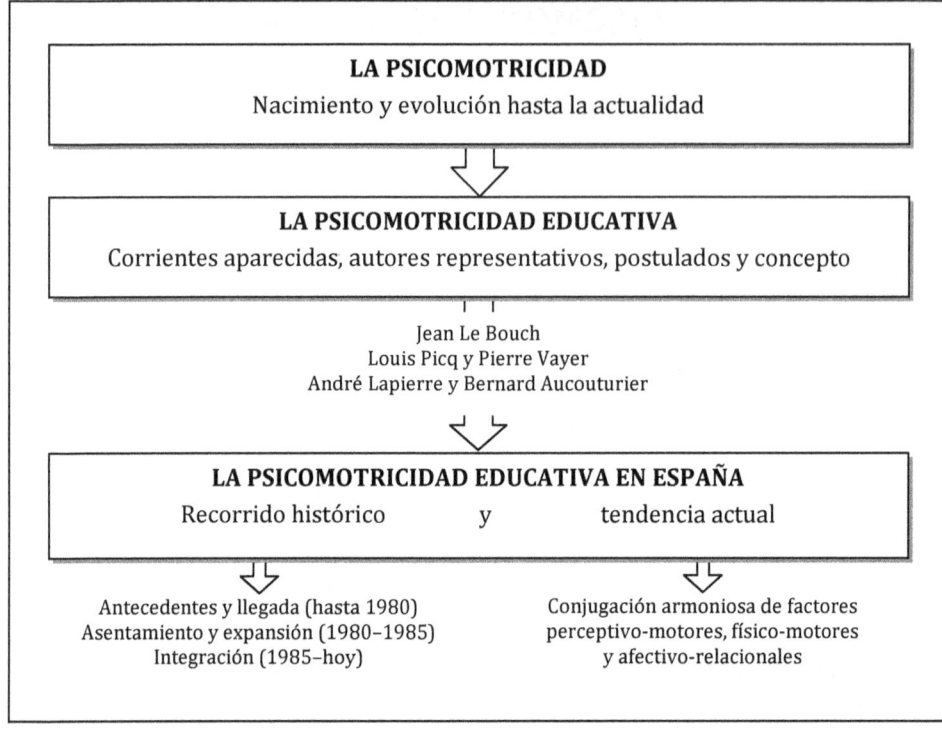

Gráfica 1: Cuadro sinóptico del contenido de la obra.

Como se puede apreciar, el cuerpo del texto lo constituyen tres capítulos. Su organización no es casual, sino que obedece a una intención precisa. Se emplea el procedimiento deductivo para dar forma a un estudio que, partiendo del origen y del todo de la psicomotricidad, mediante encadenamientos y aproximaciones sucesivas, tiene como objetivo último examinar su incidencia en la escuela española actual.

De este modo, el trabajo consigue una estructura propia que le otorga cierta dosis de originalidad: el orden de presentación de los capítulos sigue una gradación que va de lo general a lo particular. Desde lo más amplio (el todo), se llega a lo más específico (las partes que constituyen el objeto de estudio). Se obtienen y consideran así tres niveles de concreción: la psicomotricidad en general, la psicomotricidad en el ámbito educativo, la psicomotricidad educativa en España (gráfica 2).

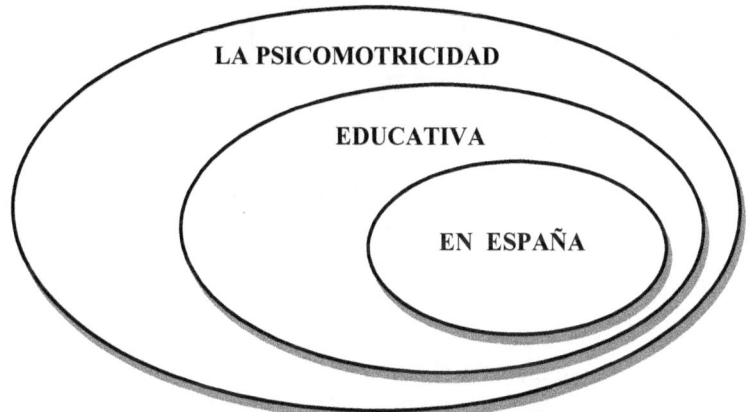

Gráfica 2: Niveles de concreción de la obra

El primer capítulo aborda el nacimiento y la evolución de la psicomotricidad en general hasta llegar a nuestros días. El capítulo no pretende ofrecer un estudio exhaustivo de la historia de la psicomotricidad, que se puede encontrar en las fuentes consultadas y que aparecen en bibliografía, sino reflejar la amplitud de su campo y rescatar los acontecimientos más significativos, la información más relevante y los datos necesarios para garantizar la coordinación con el resto del trabajo. Destaca:

- Su origen en el terreno de la psicopatología, su propagación a los campos de la salud, de los servicios sociales y de la educación y su aplicación final en los ámbitos preventivo, educativo, reeducativo y terapéutico.
- Su desarrollo en Europa, a partir de las vertientes francesa y alemana, y la repercusión en España.
- Su buen momento actual manifestado en la constitución del Forum Europeo de Psicomotricidad con la participación de 15 países y el hondo calado en determinados países latinoamericanos.

El segundo capítulo centra su atención en estudiar la psicomotricidad en el campo educativo. Destaca:

- La supremacía de dos enfoques (funcional y relacional), consecuencia del influjo de varias corrientes y autores (Le Boulch, Vayer, Lapierre, Aucouturier) provenientes del campo de la educación física.
- La selección de diversos aspectos, axiomas y premisas de la psicología evolutiva y de la humanista, de la pedagogía activa y de la filosofía, que se pueden considerar principios o postulados diferenciadores de la psicomotricidad.

- El concepto de psicomotricidad educativa estrechamente vinculado a la actitud, al talante que deben tener los educadores, a la manera de abordar los aprendizajes y la formación personal de los alumnos, sea cual fuere el ámbito (ciclo educativo, área de especialización) de su experiencia profesional.

- El concepto de educación de la motricidad, más vinculado al campo de la educación física, que puede coincidir con el de psicomotricidad educativa si el educador, en su forma de enseñar, tiene en cuenta los postulados educativos de la psicomotricidad.

El tercer capítulo reduce el marco de estudio de la psicomotricidad educativa y sitúa su análisis en el contexto español. Tras hacer un recorrido por su historia, precisa la situación presente y la tendencia actual. Destaca:

- El proceso de integración de la psicomotricidad en el sistema educativo. Su llegada se produce en los años 1970 en el ámbito de actuación de la expresión dinámica. En los años 1980, se insertan sus contenidos en el área de educación física, se pone de moda y se expande con facilidad por la enseñanza preescolar y básica. La reforma educativa emprendida en 1985 acoge de buen grado las ideas de la psicomotricidad y las integra en su programa experimental. Las sucesivas administraciones educativas confirman, normalizan y consolidan la integración de esa idea en sus propuestas, desde entonces hasta ahora.

- La vitalidad que la psicomotricidad educativa tiene en España, expresada por la variedad de autores que trabajan con entusiasmo en ella y el movimiento existente a favor de incorporar nuevas directrices internacionales y lograr un concepto unificado e integral.

- La contribución de esta obra a ese intento presentando una propuesta general de intervención mediante el análisis de los factores perceptivo-motores, físico-motores y afectivo-relacionales que componen la personalidad infantil. El traslado del contenido de este análisis a la práctica puede generar interesantes propuestas didácticas concretas.

Todo ello otorga a este trabajo la consideración de ser una obra teórico-práctica de consulta, que puede ser útil para todas aquellas personas, estudiantes y profesionales, que se interesan por ella desde distintos ámbitos y procedencias: educación infantil, educación primaria, educación especial, audición y lenguaje, pedagogía terapéutica, educación física, educación musical, educación artística (plástica y dramatización)..., psicólogos, pedagogos, psicopedagogos, educadores sociales, fisioterapeutas, terapeutas ocupacionales, trabajadores sociales..., técnicos especialistas en atención temprana, monitores de actividades extraescolares...

Esperamos que sirva a todos y lleve a una comprensión fácil de la teoría y a una experimentación eficaz en la práctica. Con esa intención, a quien le pueda interesar, al final de esta introducción y de cada capítulo, a modo de sugerencias didácticas, ofrecemos un cuadro que contiene una serie de actividades que se pueden realizar o cumplimentar por iniciativa propia y con el apoyo de determinadas obras bibliográficas que se recomiendan.

Ejercicios y preguntas
- Desarrolla un esquema propio (particular tuyo) de la estructura u ordenación de la psicomotricidad tal y como se presentan en la introducción de esta obra.

Resuelve un caso práctico
- Desde tu concepción y pensamiento actual del concepto de psicomotricidad, previo a la lectura de este libro, diseña tres tareas para trabajar con niños de 5 años.

Bibliografía complementaria
- AUCOUTURIER, B. (2005). *Los Fantasmas de Acción y La Práctica Psicomotriz*. Barcelona, Graó.
- BERRUEZO, P.P. y LÁZARO, A (2009): *Jugar por jugar. El juego en el desarrollo psicomotor y en el aprendizaje infantil*. Sevilla, Eduforma.
- BOTTINI, P. (comp.) (2000). *Psicomotricidad: prácticas y conceptos*. Madrid/Buenos Aires, Miño y Dávila.
- MARTÍN-DOMÍNGUEZ, D: (2008). *Psicomotricidad e intervención educativa*. Madrid, Pirámide.

Cuadro de actividades relativas a la Introducción

CAPÍTULO 1. LA PSICOMOTRICIDAD

Para redactar este capítulo, nos hemos alimentado de la información suministrada por el Forum Europeo de Psicomotricidad [http://psychomot.org], la Federación de Asociaciones de Psicomotricistas del Estado Español [http://www.fapee.net], Pedro Pablo Berruezo [http://www.terra.es/personal/psicomot], Joaquim Serrabona [http://fpce.blanquerna.edu/psicomotricidad/histo.htm], y, en menor medida, Benilde Vázquez (1989) y Viscarro (2014).

1.1. Nacimiento de la psicomotricidad

Abordar el origen del concepto de psicomotricidad supone tener en cuenta la significación del cuerpo a lo largo de la historia. Desde las primeras civilizaciones (oriental, occidental, griega, edad media) hasta nuestros días, el significado del cuerpo ha sufrido innumerables transformaciones. En un principio el cuerpo es, en cierto modo, descuidado a favor del espíritu, hasta que Descartes, y toda la influencia de su pensamiento en la evolución científica, lleva a considerar el cuerpo como "pieza del espacio visible" separado del "sujeto pensante".

En el siglo XIX el cuerpo comienza a ser estudiado, en primer lugar, por neurologistas, debido a la necesidad de comprender las estructuras cerebrales, y posteriormente por psiquiatras, para la clarificación de factores patológicos. Krishaber, Van Monakow, Bonnier, Mayer Gross, Veir-Mitchell, Wernicke, Foerster, Peisse, Head, Liepmann, H. Jackson, Nielsen, son algunos de los pioneros en el campo neurológico, psiquiátrico y neuropsiquiátrico, que confieren al cuerpo significaciones psicológicas superiores, cuando se interesan por las alteraciones que sufre el esquema corporal (falta de reconocimiento del cuerpo, pérdida de la capacidad para ejecutar determinados gestos, etc.) como consecuencia de lesiones cerebrales.

En los albores del siglo XX, precisamente en el campo patológico, el médico francés Ernest Dupré introduce el término "psicomotricidad" cuando estudia la debilidad motora en los enfermos mentales.

La imagen primera del vocablo "psicomotricidad" está, pues, ligada a la debilidad motora y se centra en la idea de que es posible reeducar al sujeto retrasado estableciendo relaciones entre movimiento y psiquismo: *"Cuanto más se estudian los desórdenes motores entre los psicópatas, más se llega a la convicción de las estrechas relaciones que hay entre las anomalías psíquicas y las anomalías motrices, relaciones que son la expresión de una solidaridad original y profunda entre los movimientos y el pensamiento"* (Dupré, 1925).

1.2. Evolución de la psicomotricidad

Las ideas de Dupré en torno a los trastornos psicomotores caen en el terreno fértil de diversos campos de la ciencia como la psicología genética (Wallon), la psiquiatría infantil (Ajuriaguerra) y la pedagogía (Picq y Vayer), entre otras disciplinas.

Wallon es uno de los psicólogos que más se ha interesado por la psicomotricidad y más ha influido en ella desde la perspectiva psicoafectiva, destacando el papel crucial que la intervención humana (factor social) juega en el crecimiento del niño. En los inicios de su carrera científica, trabaja estudiando niños con problemas de retraso y con anormalidades del desarrollo motor y mental, tema que trata en su libro *L'enfant turbulent*, fechado en 1925. Inicia de este modo una obra de enorme relevancia en el campo del desenvolvimiento psicológico del niño.

A partir de las ideas de Wallon y continuando su obra, Ajuriaguerra publica trabajos sobre el tono y el psiquismo, y desarrolla métodos de relajación. Este autor consolida los principios y las bases de la psicomotricidad y se convierte en un psiquiatra infantil de renombre mundial. Crea en 1947 el primer servicio de reeducación psicomotriz. Su esfuerzo y el de sus colaboradores (Zazzo, Stamback, y otros) culminan en 1974 con la creación de un Diploma de Estado, inicialmente denominado Diploma de Estado de Psicorreeducador y posteriormente (1985) Diploma de Estado de Psicomotricista. El último logro de los psicomotricistas franceses es la inscripción de la profesión en el libro IV del Código de la Sanidad Pública que dota a los psicomotricistas del estatuto de auxiliar de la medicina, conseguido en 1995.

Si bien la corriente oficial francesa se enmarca en el ámbito de la sanidad, no podemos olvidar la corriente educativa. De nuevo la influencia de Wallon se hace sentir, esta vez en la esfera de la educación. Wallon se refiere al esquema corporal no como una unidad biológica o psíquica, sino como una construcción, elemento base para el desarrollo de la personalidad del niño. No se puede negar la influencia de otros autores como Piaget, Freud, Ajuriaguerra,... De ahí resultan, a partir de 1960, los trabajos de Picq, Vayer, Le Boulch, Lapierre, Aucouturier, Defontaine, etc. Estos autores crean escuela en muchos países, sobre todo latinos. Curiosamente esta corriente educativa, a pesar de iniciarse en Francia, quizá por desmarcarse de la corriente oficial de corte clínico y carácter terapéutico, genera más atracción fuera que dentro de su país.

En Alemania se produce un desarrollo diferente. Allí se despliega una disciplina científica vinculada a las ciencias de la educación física y el deporte, denominada "motología", que se configura sobre todo a partir de los trabajos de Kiphard y Schilling e intenta ser una ciencia del movimiento en la que confluyen la pedagogía, la psicología y la medicina. Como sucede en Francia con la psicomotricidad, la motología concreta su aplicación en el ámbito educativo (motopedagogía) y en el de la rehabilitación (mototerapia). Esta evolución se extiende a países de su área de influencia como Holanda, Austria o Bélgica flamenca.

En otra dirección surgen estudios de autores americanos (Cratty, Ayres,...), que parten de concepciones perceptivo-motoras basadas en acciones experimentales, colocando el desarrollo de la percepción y del movimiento en términos de interdependencia. También autores soviéticos (Ozeretsky, Vygotsky, Elconin, Luria,...), que destacan en el área de la psiconeurología del movimiento, introduciendo la noción de que el origen de todo movimiento y de toda acción voluntaria no se hace dentro del organismo, sino a partir de la historia social del hombre.

Todo ello cala hondo en determinados países latinoamericanos que empiezan a impartir estudios de psicomotricidad. En Uruguay, la Facultad de Medicina de la Universidad de la República de Montevideo cuenta con una "Diplomatura en Psicomotricidad"; en Chile, la Facultad de Educación de la Universidad de Maule otorga la "Diplomatura en Psicomotricidad Educativa"; y en Argentina, la Universidad CAECE imparte la "Licenciatura en Psicomotricidad".

En Europa, el desarrollo de la psicomotricidad se ha producido de manera desigual, incluso se ha negado su existencia hasta el momento en algún país, como el Reino Unido, o más genéricamente en el mundo anglosajón.

Sin embargo, en este continente, aparte lo dicho de Francia y Alemania, hay países con reconocimiento de la profesión y titulación específica, como es el caso de Dinamarca, donde existe una "Diplomatura de Estado de Educadores del Movimiento y de la Relajación"; en Holanda, donde hay una titulación universitaria de "Terapeuta psicomotriz"; en Italia y Bélgica, donde existen estudios de especialización en psicomotricidad para fisioterapeutas o profesores de educación física; en Luxemburgo, donde la psicomotricidad está reconocida como auxiliar de la medicina, pero sin una formación específica. También hay países como es el caso de Suecia y España, donde la psicomotricidad tiene aceptación, pero no existe una formación oficial reglamentada, ni se encuentra reconocida la profesión.

Ofrecemos ahora un resumen de lo dicho hasta aquí (gráfica 3), para estudiar después la repercusión de la psicomotricidad en nuestro país.

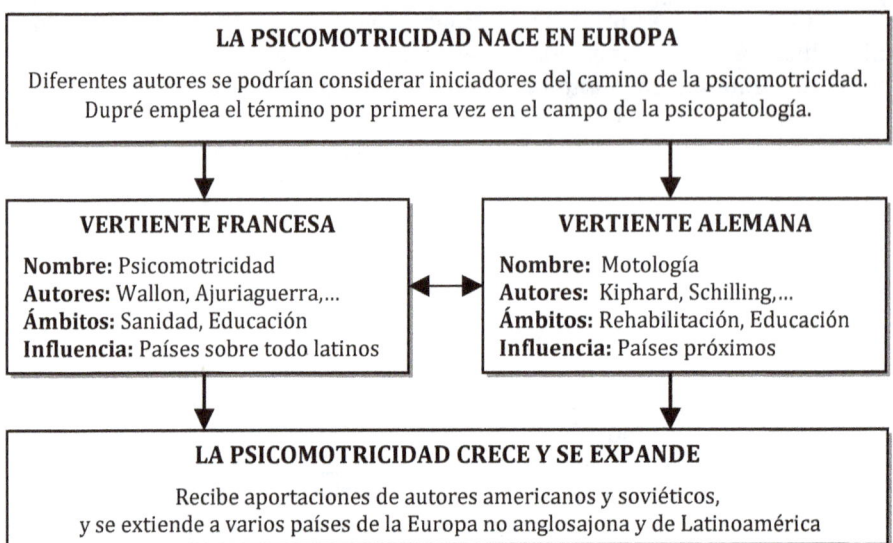

Gráfica 3: Nacimiento y evolución de la psicomotricidad

En España la psicomotricidad se abre paso poco a poco, desde la segunda mitad de los años setenta, a través de varias vías. Una es la editorial, mediante la publicación de obras de autores franceses que despiertan bastante interés. Otra es la formativa, mediante la realización de cursos y seminarios específicos, impartidos en muchos casos por dichos autores. Ello genera un clima favorable que lleva a la Organización Internacional de la Psicomotricidad, con sede en París, a proponer la celebración de su Congreso Internacional de Psicomotricidad de 1980 en Madrid.

En el estado español, la psicomotricidad supone inicialmente un instrumento de cambio en las escuelas y se expande con facilidad en el campo educativo. En el campo sociosanitario aparecen influencias de modo más tardío. En los dos ámbitos se producen diferencias en los enfoques y se forman líneas de trabajo dispares que enturbian el entendimiento entre las personas formadas en una u otra tendencia.

Así es que en España, a pesar del interés despertado en los años ochenta, la psicomotricidad se planta en el cambio de siglo y en la fecha de edición de este libro sin alcanzar el reconocimiento oficial: no es una carrera universitaria ni existe titulación oficial alguna que faculte para el desempeño de la profesión y, consecuentemente, no existe la posibilidad de trabajar como psicomotricista, pues no se encuentra en el catálogo de las profesiones que se pueden ejercer en el país.

No obstante, corre un aire alentador. En numerosas facultades españolas se aborda el tema de la psicomotricidad integrado en el curriculum de algunas materias tituladas "técnicas de reeducación", "desarrollo psicomotor", "educación psicomotriz" o con nomenclatura similar. En los nuevos estudios de "grado" (formación básica y general orientada al ejercicio de actividades profesionales), determinadas facultades de Madrid, Castilla-La Mancha, Cataluña, Asturias,..., dando respuesta a las demandas existentes, ya han introducido en sus planes la "mención" (itinerario o especificidad curricular) de psicomotricidad. Al parecer, con éxito. Por ejemplo, en los estudios de Educación Infantil de la Universidad Rovira i Virgili de Tarragona, mención Educación Psicomotriz, *"se acaba de graduar la segunda promoción de especialistas, una gran satisfacción"* (Viscarro, 2014).

Junto a esas "menciones", se puede alcanzar formación específicamente psicomotriz en escuelas, centros privados, departamentos universitarios, etc., cuyos cursos y diplomas, concebidos normalmente como estudios de "máster" o "postgrado", suponen una formación avanzada y una mayor especialización académica o profesional. De este modo son varios los másteres propios y oficiales, nacionales e internacionales, de psicomotricidad que se están impartiendo en diversas universidades españolas. Ello está propiciando una reciprocidad y relación de tendencias y corrientes entre profesionales de diversas ramas del conocimiento como la educación, la educación física, la medicina, la psicología y de diferentes instituciones que está haciendo confluir tendencias y avanzar la psicomotricidad educativa con el apoyo de otras áreas de manera interdisciplinar.

En muchas instituciones y lugares como en las guarderías, en los ciclos de educación infantil, en escuelas de educación especial, así como en centros de atención temprana y hospitalaria, en empresas de organización y gestión de actividades extraescolares y campamentos o colonias urbanas, etc., crece la demanda, la función se hace necesaria y es asumida por personal así formado en psicomotricidad.

1.3. La psicomotricidad hoy

En la actualidad, al margen lo dicho en el punto anterior, se están produciendo acontecimientos importantes para el desarrollo de la psicomotricidad. Quizá el que más convenga destacar sea la constitución y actividad del Forum Europeo de Psicomotricidad (FEP).

El Forum Europeo de Psicomotricidad nace en Marburg (Alemania) en mayo de 1995, en una reunión a la que asisten representantes de quince países europeos (Alemania, Austria, Bélgica, Dinamarca, Eslovenia, España, Francia, Holanda, Italia, Luxemburgo, Noruega, Portugal, República Checa, Suecia y Suiza).

Allí se resuelve, principalmente, adoptar el término psicomotricidad como el núcleo en torno al cual ha de girar la actividad de este grupo internacional. También se decide organizar el Primer Congreso Europeo de Psicomotricidad, que se celebra en Marburg el año 1996 y en el que se firma la constitución formal del Forum Europeo de Psicomotricidad.

La participación en el Forum Europeo de Psicomotricidad despierta el interés de unidad de los psicomotricistas en muchos de los países europeos, interés que se confirma y renueva en los siguientes Congresos organizados por el Forum en Strasburg (2000), Lisboa (2004), Amsterdam (2008) y Barcelona (2013).

Tal es así que la psicomotricidad ya está siendo aceptada y divulgada en el ámbito anglosajón, como lo demuestra el seminario que se llevará a cabo en el mes de abril de 2016 en Londres en el RCAP (Reahabilitation Centre For Autistic Patients). Sirva de ejemplo también la interacción de profesores y alumnos de distintos paises en el Máster Internacional de Psicomotricidad que se imparte conjuntamente en la Universidad de Murcia de España, con el CISSERP de Verona en Italia y el ISRP de París en Francia y al que en los próximos meses tiene interés de incorporarse el campus de la Salud de la Universidad Rey Juan Carlos en Madrid (España). Bienvenidas sean estas ideas y propuestas o el coloquio internacional que año tras año organiza y se imparte en la universidad de verano por parte del ISRP (Instituto Superior de Rehabilitación Psicomotriz) en donde participan profesores y alumnos de distintos países de Iberoamérica (como Brasil, Ecuador, México, Uruguay, Argentina, Chile, Colombia), Europa (Portugal, España, Italia, Austria, Bélgica, Francia, Italia, Inglaterra, Holanda) y de Asia (China) y en donde existen traducciones simultáneas de las conferencias al español, francés, inglés, chino, italiano y portugués.

Dicho interés afecta igualmente a las diferentes asociaciones de ámbito estatal o autonómico existentes en España. De este modo, en octubre de 1998, se constituye la Federación de Asociaciones de Psicomotricistas del Estado Español (FAPEE) que, entre sus metas, pretende la obtención del reconocimiento de la psicomotricidad como disciplina/profesión. Entre sus actividades, destaca la organización de sucesivos Congresos Estatales, celebrados hasta ahora en Barcelona 1999, Madrid 2002, Barcelona 2005, Bilbao 2009 y Tenerife 2014. En cuanto al concepto, la FAPEE, aceptando y matizando la dada por el Forum Europeo, elabora y nos ofrece la siguiente definición de psicomotricidad:

La psicomotricidad es una disciplina que, basándose en una concepción integral del ser humano, se ocupa de la interacción que se establece entre el conocimiento, la emoción, el cuerpo y el movimiento y de su importancia para el desarrollo de la persona, así como de su capacidad para expresarse y relacionarse en un contexto social. Partiendo de esta concepción se desarrollan distintas formas de intervención psicomotriz que encuentran su aplicación, cualquiera que sea la edad, en los ámbitos preventivo, educativo, reeducativo y terapéutico.

Según esta definición la psicomotricidad tiene un campo muy amplio de actuación. Incide en el desarrollo de cualquier persona de cualquier edad y tiene diferentes niveles de intervención. Interesa, por tanto, a profesionales del campo de la salud (médicos, neuropediatras, fisioterapeutas, psiquiatras), de la educación (maestros, psicólogos, pedagogos) y de los servicios sociales (trabajadores sociales, terapeutas ocupacionales).

Se puede dirigir a sujetos sanos y a los que padecen cualquier tipo de trastorno, limitación o discapacidad, siguiendo un planteamiento preventivo, educativo, reeducativo o terapéutico que se lleva a cabo a partir de la vivencia corporal. El trabajo puede realizarse individual o colectivamente y tanto en práctica privada como integrado en estructuras institucionales educativas o socio-sanitarias (gráfica 4).

CAMPOS	PLANTEAMIENTOS
Salud (médicos, neuropediatras, fisioterapeutas, psiquiatras)	Terapéutico
Servicios Sociales (trabajadores sociales, terapeutas ocupacionales)	Reeducativo
Educación (maestros, psicólogos, pedagogos)	Preventivo
	Educativo

Gráfica 4: Campos y planteamientos de la psicomotricidad

El trabajo preventivo tiene por finalidad la detección y prevención de trastornos psicomotores o emocionales en poblaciones de riesgo o en etapas concretas de la vida (niñez, embarazo, parto, tercera edad,...).

El trabajo educativo trata de facilitar la maduración psicomotriz de todos los niños en el marco curricular del centro educativo. Se dirige a individuos sanos, en el marco de la escuela ordinaria. Se trabaja con grupos-aula en un ambiente enriquecido por elementos que estimulan el desarrollo. Se parte de la actividad motriz y del juego.

El trabajo reeducativo o terapéutico se refiere a los casos patológicos. Tiene por objeto la intervención psicomotriz sobre los trastornos psicomotores del desarrollo, así como sobre las alteraciones emocionales y de la personalidad. Se trabaja con individuos que presentan trastornos o retrasos en su evolución y se utiliza la vía corporal para el tratamiento de los mismos. La intervención debe ser realizada por un especialista con una formación específica en determinadas técnicas de mediación corporal. El proyecto terapéutico debe realizarse sobre la base de un diagnóstico.

Tanto el FEP como la FAPEE señalan además que estas prácticas psicomotrices han de conducir a la formación, a la titulación y al perfeccionamiento profesional y constituir cada vez más el objeto de investigaciones científicas, lo que representa otro ámbito no menos importante de intervención: el de "formación, investigación y docencia", cuya finalidad es la capacitación para el desarrollo de la actividad profesional, la profundización en sus ámbitos de competencia y la transmisión de los contenidos ligados a esta disciplina.

Son, pues, muchos los ámbitos que se ve reflejada la psicomotricidad. Prueba y señal de esta amplitud se halla en la configuración de los temas que se tratan en los Congresos. Desde los inicios se planteó la conveniencia de que todos los ámbitos encontraran su espacio. Es por ello que los programas se materializan contemplando las ricas y variadas cuestiones que se vienen abordando en psicomotricidad: emociones, neurociencia, culturas, entorno, arte, creación, investigación, formación, estrategias de intervención, ciclo vital,...

Vistas las cosas con esta amplitud, la psicomotricidad es una forma práctica que intenta atender y mejorar la realidad personal de cualquier individuo. Atención basada en la participación activa del sujeto, en la aplicación de los conocimientos procedentes de diferentes estudios científicos (ciencias de la salud, de la educación, de la actividad física,...) y en el empleo de los niveles de intervención más apropiados a sus características personales.

Ejercicios y preguntas
- Elabora un esquema en el que se muestren las diferentes vertientes (corrientes, ámbitos,...) de la psicomotricidad expuestas en el punto 1.2
- Tras leer el capítulo elabora tu propia definición de psicomotricidad en general.
- Define y justifica los campos prioritarios de intervención de la psicomotricidad.

Resuelve un caso práctico
- Diseña tres actividades para el desarrollo de la psicomotricidad y contextualiza cada una de ellas en los campos de intervención expuestos en el capítulo.

Bibliografía complementaria
- AUCOUTURIER, B. (2005). *Los Fantasmas de Acción y La Práctica Psicomotriz*. Barcelona, Graó.
- CONDE, J.L. y VICIANA, V. (1997). *Fundamentos para el Desarrollo de la Motricidad en Edades Tempranas*. Málaga, Ediciones Aljibe, S.L. (Colección Biblioteca de Educación).
- DA FONSECA, V. (2006). *Desenvolvimento psicomotor e Aprendizagem*. Porto Alegre (Brasil), Artmed.
- PASTOR PRADILLO, J.L. (1994). *Psicomotricidad escolar*. Guadalajara, Universidad de Alcalá (Colección cuerpo y educación).

Cuadro de actividades relativas al Capítulo 1

CAPÍTULO 2. LA PSICOMOTRICIDAD EDUCATIVA

2.1. Corrientes aparecidas

Según Vázquez (1989), la inclusión de la psicomotricidad como verdadero tema educativo no se produce hasta la publicación de la obra *Education psychomotrice et arriération mentale* de Picq y Vayer en 1960.

Dicha autora, Vázquez (1989), considera tres corrientes en educación psicomotriz, las tres nacidas en el seno de la educación física:

- El modelo psicocinético de Le Boulch (claramente situado en la vertiente educativa y con utilidad rehabilitadora).
- La educación corporal de Vayer (concepción psicoeducativa más general que el modelo de Le Boulch, inicialmente reeducativa como delata el título de su famosa obra junto a Picq).
- Educación vivenciada de Lapierre y Aucouturier (utilizable en la educación escolar y en el campo de la terapia).

Ballesteros Jiménez (1982) sintetiza más y diferencia dos direcciones: la corriente psicopedagógica (normativa) representada por Le Boulch y Vayer, entre otros; y la educación vivencial (dinámica) de Lapierre y Aucouturier.

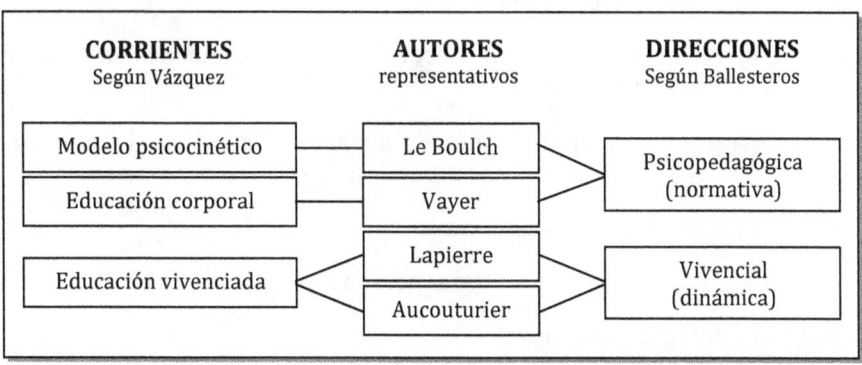

Gráfica 5: Autores representativos y corrientes o direcciones aparecidas.

2.2. Autores representativos

2.2.1. Jean Le Boulch

A tenor de la repercusión de las ideas de Le Boulch sobre el movimiento humano, hay que otorgar a este autor un sobresaliente influjo en el campo educativo. En especial, desde que, como consecuencia del estudio de los distintos factores del valor motor (tema de su tesis doctoral defendida en 1960), propusiera una "educación física funcional" que se convirtió en auténtica alternativa al modelo mecánico tradicional.

En su interpretación de la educación física, huye de la concepción dualista y considera el movimiento como medio de educación de la personalidad, lo cual implica superar el enfoque biológico clásico y abrazar el modelo psicológico, que propugna la existencia corporal como totalidad. Quizá, por ello, critica la práctica profesional, dirigida sobre todo a los factores de ejecución (resistencia, fuerza, velocidad), y cuestiona la tendencia de la educación física hacia el deporte sin prestar atención a los aspectos psicomotores.

Crea el método psicocinético *"Se trata de un método general de educación que, como medio pedagógico, utiliza el movimiento humano en todas sus formas"* (Le Boulch, 1969), cuyos fundamentos pedagógicos son:

1) El método implica una filosofía de la educación que busca para el hombre:

    a) Mejor conocimiento y aceptación de sí mismo.

    b) Mejor ajuste de su conducta.

    c) Auténtica autonomía y acceso a responsabilidades en el marco de la vida social.

2) La psicocinética es un método pedagógico en el que la educación equivale a formación y ésta implica:

    a) Desarrollo de capacidades.

    b) Modificación de actitudes personales.

    c) Integración grupal.

3) El método se apoya en una psicología unitaria de la persona, ya que pone en acción los diversos factores de la personalidad.

4) El método asigna un lugar de privilegio a la experiencia vivida por el alumno que no puede ser reemplazada por la experiencia o por los tecnicismos del educador. El "tanteo experimental" es una aplicación de este principio fundamental.

5) El método se apoya sobre la noción de la "estructuración recíproca" entre el "yo" y "el medio". En esta relación el sujeto puede orientarse en dos direcciones, a saber: una dirigida hacia objetivos externos y la otra vuelta hacia su propia actividad poniendo en juego una forma de "atención interiorizada".

6) La psicocinética recurre a la "dinámica del grupo en actividad", ya que el desarrollo integral de la personalidad no puede realizarse sino por medio de la relación con los demás.

En el ámbito del desarrollo funcional, Le Boulch (1983) se sitúa en el clásico proceso de asimilación-acomodación, característico de la inteligencia, definido por Piaget. Su acción apunta a abordar dos grandes grupos de funciones:

1) La función de ajuste en sus formas: global (espontánea) y con representación mental (a partir de una imagen de cuerpo operante).

   a) Ajustes globales o espontáneos (juegos de libre expresión, coordinación dinámica general, coordinación oculo manual, ajuste postural, ajuste temporal).

   b) Ajustes con representación mental (ajuste postural, ajuste gestual).

2) Las funciones gnósicas: percepción del propio cuerpo y organización de los campos perceptivos exteroceptivos en sus aspectos espacial y temporal.

   a) Percepción del propio cuerpo (en posición estática y en movimiento).

   b) Percepción del exterior (percepción espacial y temporal).

Según Vázquez (1989), a través de los ejercicios que propone el método psicocinético, se consigue un doble objetivo: el perfeccionamiento de las capacidades motrices básicas y sentar las bases sobre las que se desarrollarán otros aprendizajes escolares.

En este campo, el de los aprendizajes escolares, Le Boulch (1969) reclama para su método un lugar de privilegio: *"Si bien el objetivo de la enseñanza primaria es el de enseñar a leer, escribir y contar, aún falta una cuarta disciplina básica, la educación por el movimiento"*.

Le Boulch (1983) dedica al niño pequeño (desde el nacimiento a los 6 años) una de las principales obras que se han escrito sobre psicomotricidad. Destaca en ella la conjunción existente entre teoría y práctica psicomotriz, reflejo del proyecto que, sobre la psicocinética, desarrolla este autor. La reflexión teórica se apoya en aportaciones neuropsicológicas y en un enfoque educativo globalizador. La aplicación práctica de la obra queda patente en la cantidad de situaciones concretas que propone.

2.2.2. Louis Picq y Pierre Vayer

Picq y Vayer (1969) distinguen tres tipos de manifestación de la actividad infantil:

1) Las conductas motrices de base que son más o menos instintivas (equilibración, coordinación dinámica general, coordinación visomanual).

2) Las conductas neuromotrices estrechamente ligadas a la maduración del sistema nervioso (paratonías, sincinesias y problemas planteados por la lateralidad).

3) Las conductas perceptivomotrices ligadas a la consciencia y a la memoria (educación de la percepción mediante ejercicios elementales y estructuración del espacio y del tiempo).

Estos aspectos exteriores de la motricidad, que traducen la personalidad del niño en manifestaciones visibles, dependen íntimamente de otro aspecto fundamental: la organización del esquema corporal (consciencia y control del cuerpo propio, equilibrio postural, respiración). A través del uso pedagógico de todo ello se llega a la acción educativa global.

La educación psicomotriz de Picq y Vayer tiende en principio hacia la reeducación de trastornos motores y se dirige a la terapia de niños deficientes, pero esta forma de intervención alcanza pronto una gran difusión entre los primeros cursos del sistema educativo (escolar y preescolar).

Poco después de tomar consistencia la obra de ambos autores, es Vayer (1977a, 1977b) quien enfoca la educación psicomotriz en una dirección psicoeducativa más general. Centra el análisis de la actividad motriz en un plano relacional, siendo los componentes de esa relación el "yo" y "el mundo exterior". Sus obras tienen una gran aceptación en la institución escolar, ya que proporcionan:

1) Al niño, los medios para utilizar al máximo sus posibilidades ante los aprendizajes escolares.

2) A los profesores, los recursos didácticos para trabajar los contenidos de los programas oficiales.

Esta orientación de la educación psicomotriz que, como el método psicocinético de Le Boulch, se halla poco cargada de elementos afectivos y centra su atención en alcanzar los aprendizajes escolares básicos, recibe el nombre de psicomotricidad instrumental o funcional (gráfica 6).

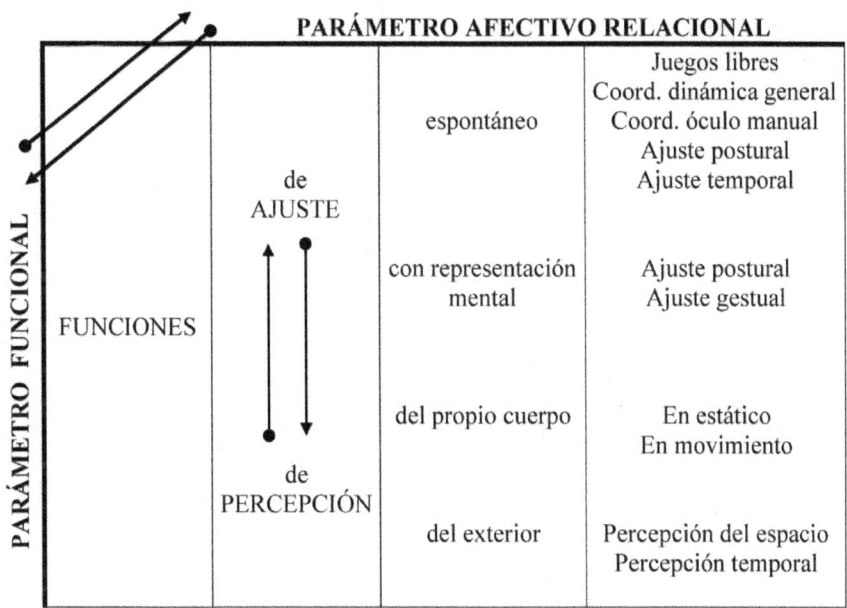

Gráfica 6: Esquema representativo de la psicocinética de Le Boulch que, unida a la orientación de Vayer, da lugar a la psicomotricidad funcional.

2.2.3. André Lapierre y Bernard Aucouturier

Estos autores, en el principio de su trayectoria, critican la concepción dualista de la educación tradicional, que separa la educación intelectual de la educación física y, como Le Boulch y Vayer, pensando que los procesos de aprendizaje llevados a cabo en la escuela no utilizan una didáctica apropiada, escriben una obra con intención funcional: "Educación Vivenciada: Los contrastes; Asociaciones de contrastes, estructuras y ritmos; Los matices" (Lapierre y Aucouturier, 1977a).

Los objetivos de este trabajo van más allá que la propia intelectualización del acto motor y los procedimientos utilizados aportan nuevas formas de enseñar, que convierten a la "educación vivenciada" en un avanzado medio de educación global a través de la acción corporal.

Como señala Vázquez (1989): *"Apoyándose en la teoría psicogenética de Piaget, su metodología se centra sobre todo en el paso de lo concreto a lo abstracto, por medio de la interiorización de las situaciones vividas... Incorporando a su trabajo las técnicas de la no-directividad y la perspectiva de las relaciones tónico-afectivas, subrayadas por Wallon y Ajuriaguerra, colocan al niño en una situación de creatividad a partir de la cual el profesor suscita el descubrimiento de distintas nociones (dimensión, peso, forma, intensidad, etc.) mediante el procedimiento de los contrastes asociados a la acción corporal. A partir del establecimiento de estas nociones se le pide al niño que las vivencie en otras situaciones y en distintos planos: perceptivo, motor, afectivo, intelectual, y posteriormente se le pide que las traduzca en distintas formas de expresión (corporal, sonora, plástica, verbal, gráfica, etc.)".*

Sin embargo Lapierre y Aucouturier (1977b) se sienten todavía demasiado cerca de los objetivos escolares centrados en lo intelectual y deciden explorar otras posibilidades educativas que toman un relieve y una importancia muy particulares. *"Se trata concretamente del aspecto emocional y afectivo de ciertas situaciones de contraste, con todo el simbolismo que le es propio... Ya no se trata ahora y a ese nivel de adquirir conocimientos sobre el modo de tener, sino de las posibilidades sobre el modo de ser... Hay en ello un cambio total de enfoque, un cambio de orientación que modifica totalmente toda la problemática de la educación".*

Imbuidos de este pensamiento, hacen evolucionar su práctica pedagógica dejando cada vez más espacio a la actividad espontánea de los niños frente a la "puesta en situación" sistemáticamente programada por el adulto. Tomar esta dirección supone:

1) favorecer la creatividad sin fronteras,

2) permitir la libre expresión de las pulsiones emocionales, de los deseos primitivos y del inconsciente,

3) reencontrar el cuerpo y el movimiento en toda su significación afectiva, y

4) potenciar el desarrollo libre de la comunicación de los niños entre sí y con el educador.

Ello implica posibilitar la aparición y el desarrollo de aspectos afectivos y relacionales (temor, impulsividad, carencias afectivas, frustraciones, ciertas inadaptaciones de tipo social, conflictos de índole caracterial) ocultos en el programa escolar, aspectos que el sistema educativo se esfuerza en ignorar, aspectos que parecen estar reservados a la patología mental o al tratamiento psicológico en despachos profesionales.

Lapierre y Aucouturier (1977b, 1977c, y 1980) profundizan en las características de la relación psico-afectiva del niño consigo mismo, con los objetos, con los demás y con el adulto, poniendo de manifiesto que su enfoque es utilizable tanto en el ámbito educativo, como en el terapéutico, como en el reeducativo. A nosotros nos interesa la vertiente educativa que, aún siendo la menos profunda, penetra en los aspectos psicológicos afectivos y relacionales en mayor grado que los enfoques representados por Le Boulch y Vayer.

Por ello, porque el aspecto psicológico afectivo-relacional pasa no solo a tener la consideración de importante sino que, además, se le presta atención concreta y específica en la práctica educativa, es por lo que se llama psicomotricidad vivencial o relacional al enfoque de Lapierre y Aucouturier.

Posteriormente estos autores se separan y siguen cada uno una orientación diferente. El primero toma una dirección que denomina "psicomotricidad relacional" y el segundo otra que prefiere llamar "práctica psicomotriz" (gráfica 7).

JUNTOS	Fase funcional	Educación vivenciada
	Fase afectivo relacional	Simbología del movimiento
SEPARADOS	André Lapierre	Psicomotricidad relacional
	Bernard Aucouturier	Práctica psicomotriz

Gráfica 7: Evolución de Lapierre y Aucouturier

Lapierre, en el libro "Los exilios de la infancia" de Maudire (1988), presenta la psicomotricidad relacional como: *"una teoría y una práctica que se sitúa en la confluencia de las investigaciones actuales sobre la vivencia del cuerpo y sobre el funcionamiento del psiquismo".*

La psicomotricidad relacional introduce el cuerpo como mediador principal de la relación entre los participantes, lo que supone una ruptura con los métodos tradicionales esencialmente basados en la mediación del lenguaje hablado. El cuerpo que protagoniza las sesiones de psicomotricidad relacional utiliza especialmente el lenguaje: *"de la actitud, el del gesto, el de la mirada, el de la mímica, el de la distancia, el del contacto, el de las tensiones tónicas, el del objeto mediador, el de la inmovilidad, el de la acción, el del grito, el del silencio; lenguaje arcaico y universal, de alguna manera genético; lenguaje con fuerte carga afectiva y emocional donde se mezcla el amor y el odio, la agresión y la ternura, la seducción, la posesión, la dominación, los celos, el poder, el deseo y el miedo, la sensualidad y la sexualidad, el nacimiento y la muerte".*

El ámbito de la psicomotricidad relacional es vasto, su aplicación no está limitada a situaciones específicas, por ejemplo las generadas en la propia actividad escolar, sino que está abierta a un amplio campo de experiencias, a todo lo que concierne a la relación humana:

1) Relación madre-hijo, padre-niño, triangular, las interferencias de hermanos y hermanas, así como las carencias, las perturbaciones y las dificultades de estas relaciones.

2) Proyecciones inconscientes que se producen en la vida del niño, del adolescente, del adulto, sus repercusiones sobre el equilibrio de la personalidad y la vida social.

3) Utilización en diversas psicoterapias (nerviosas, psicosis, problemas de lenguaje o de adaptación escolar o social, problemas psicoafectivos que acompañan a diversas minusvalías) pudiendo

jugar un rol importante en la prevención y profilaxis mental en los niños.

Por su parte Aucouturier (1985), profundiza en la práctica de la psicomotricidad junto con sus colegas del Centro de Formación de Psicomotricistas de Tours y, a partir de análisis didácticos y semióticos de numerosas sesiones, descubre y propone un marco teórico, original y específico que denomina "práctica psicomotriz".

La finalidad de la práctica psicomotriz es contribuir al desarrollo armónico e integral del niño pequeño (0 a 6-8 años) teniendo en cuenta todas sus capacidades motrices, intelectuales, afectivas y sociales. Tiene como objetivo concreto favorecer (en un espacio y en un tiempo particulares y con un material específico) la aparición de la expresividad psicomotriz (manera de ser y de estar, original y privilegiada, del niño en el mundo) y, posteriormente, su desarrollo hacia tres objetivos que se complementan y enriquecen mutuamente:

1) La comunicación (capacidad de dar y recibir, de escuchar la demanda del otro y responder). *"Comunicar es un intercambio gozoso que debe comprometer a cada uno de los participantes en una dinámica de cambio".*

2) La creación (capacidad de afirmar la propia competencia para investir el espacio, los objetos, las personas, confiriéndoles una variedad de sentidos simbólicos). *"Por creación entiendo una producción muy amplia, gestual, vocal, gráfica, verbal, e incluso cognitiva, destinada al otro".*

3) La operatividad, en el sentido de formación en el pensamiento operativo descrito por Piaget (capacidad de análisis y síntesis) *"Esta capacidad no puede adquirirse si no es a partir de un distanciamiento sensomotriz y emocional respecto del espacio y de los objetos".*

Según Cremades (1999), perteneciente a la escuela Aucouturier actual, en la sala de jugar, el educador pone a disposición de los niños (a partir de los 3 años) dos espacios claramente delimitados:

1) Espacio para la expresividad motriz (colchonetas, rampas, bancos, telas, cuerdas, cojines,...).

2) Espacio de representación (piezas de madera de distintas formas y tamaños, plastilina, elementos para dibujar,...).

El educador no propone contenidos. La iniciativa pertenece a los niños. El juego espontáneo es su actividad principal, que el adulto puede entender y hacer evolucionar. Las manifestaciones lúdicas de los niños conforman el contenido de las sesiones que constan de tres tiempos:

1) Tiempo de vivencia y acción (placer sensoriomotor, placer de la acción, placer del juego y del movimiento).

2) Tiempo del cuento (se cuenta un cuento conocido o una historia relacionada directamente con las emociones vividas por los niños).

3) Tiempo de representación (el niño se distancia de las vivencias emocionales que ha tenido durante la sesión y realiza una producción gráfica o una construcción).

Los dos primeros tiempos se desarrollan en el espacio para la expresividad motriz y el tercer tiempo se realiza en el espacio de la representación.

En cuanto a la actitud del educador durante las sesiones, la práctica psicomotriz requiere (Aucouturier, 1985):

1) "un ajuste a la expresividad del niño, desde la más pobre a la más excesiva

2) un sistema de acción característico que simboliza el orden y la seguridad

3) una tecnicidad, es decir, una manera de hacer específica y muy personalizada, cuya estrategia se construye a partir de un proyecto en función del niño o del grupo de niños".

Además de la orientación educativa que acabamos de exponer, la práctica psicomotriz puede adoptar también la orientación terapéutica cuyo objetivo fundamental es instaurar o restaurar, según los casos, la comunicación e identidad del niño. Aucouturier llama educación psicomotriz a la práctica psicomotriz educativa y terapia psicomotriz a la práctica psicomotriz terapéutica.

2.3. Postulados

Si bien cualquier actividad humana tiene una dimensión psicomotriz, no todo es psicomotricidad. Para hacer psicomotricidad hay que tener presentes determinados aspectos que para nosotros constituyen los postulados educativos de la psicomotricidad.

2.3.1. Aspectos psicológicos

- Según la psicología evolutiva el primer objeto que el niño percibe es su propio cuerpo, que vive y crece en el seno del mundo exterior. El mundo exterior se compone del mundo de los objetos (en el que están incluidos el espacio y el tiempo), y el mundo de los demás (en el que están incluidos los compañeros y los adultos).

- El niño cuando va a la escuela se encuentra con un cúmulo de elementos exteriores que van a influir decisivamente en su forma de ser. Su forma de ser es su personalidad.

- *"Llamamos persona a esa realidad que, de alguna manera, dispone de sí. Su concreta manera de ser y comportarse es su personalidad..."* (Yela, 1979).

- La actividad física reviste gran importancia en el mundo del niño. Esa actividad se integra, junto al pensamiento y la afectividad, en la persona completa y unitaria del niño.

- Los diferentes aspectos, movimiento, emoción y pensamiento, están en continua interrelación y dinamismo, constituyendo la esencia de la persona.

- Las vivencias de los niños revelan una ingente actividad motriz. Dar la oportunidad al niño de que realice una actividad motriz contextualizada, adaptada a sus necesidades reales, hacerlo de una manera metódica y progresiva, es indispensable para su desarrollo global. Aquí tiene un papel irremplazable la educación psicomotriz.

- *"Llamamos educación al perfeccionamiento de una persona en su personalidad, en tanto que suya"* (Yela, 1979).

- La escuela va a potenciar determinadas relaciones que el niño percibe con todo su cuerpo, con todo su ser. A su vez, el niño se manifiesta mediante acciones ligadas emocionalmente al mundo exterior. La educación psicomotriz puede facilitar esas relaciones, capacitar al niño para que pueda moverse en el mundo de los objetos y relacionarse con las demás personas, incidiendo de esa manera en la formación de su personalidad.

- *"La escuela, en todos sus grados, desde el Jardín de Infancia hasta la Universidad,... tiene, como una de sus metas principales, descubrir y sistematizar una metodología de comprobada eficacia para promover el desarrollo de la personalidad de cada individuo -capacidades, temperamento, carácter, conocimientos, destrezas, motivaciones y normas y valores- dentro del respeto y promoción de la personalidad de los demás"* (Yela, 1979).

- Educar al niño es un valor que se puede ejercitar en positivo. Educar en positivo es adaptarse a sus intereses y necesidades para estimular las enormes capacidades que tiene, es enseñarle a vivir con alegría en los distintos ámbitos de la realidad (Lewis, 1982).

- Si la función de la educación es plantear situaciones pedagógicas y desarrollarlas a través de la actividad y la relación, educar en positivo será hacerlo a partir de la propia realidad de los niños estableciendo con ellos una relación humanamente positiva.

2.3.2. Aspectos pedagógicos

- De la pedagogía activa, que la educación psicomotriz emplea, conviene resaltar el concepto de educación que equivale a formación. Este concepto supera el criterio tradicional que confunde la educación con el simple aprendizaje (instrucción), indispensable, eso sí, pero que no puede constituir la finalidad única de la educación. La educación entendida como formación quiere evitar todo condicionamiento intelectual y quiere partir del mismo niño, aceptándolo tal como es, en su globalidad y emotividad.

- Es desde esta perspectiva como el adulto puede entender al niño de estas edades, y así la actuación del educador se puede ejercer tanto en el orden psicoafectivo como en el pedagógico y, cuanta menor edad o maduración tiene el niño, más en el orden psicoafectivo.

- Ello se traduce en la práctica por una actitud de respeto a las producciones del niño, lo que implica establecer con él un trato de persona a persona.

- La respuesta del educador es: aceptar incondicionalmente, atenuar dificultades, satisfacer necesidades, comprender, dar seguridad.

- Supone también poner en tensión los valores como educador, buscando la correspondencia entre las necesidades del niño y sus intenciones educativas, fluctuando entre directividad y no directividad, usando un concepto de libertad que deja hacer, pero que respeta el entorno y los demás.

- Todo lo cual requiere crear un clima de confianza/seguridad y adaptar la forma de enseñar a las características de los niños.

2.3.3. Aspectos didácticos

- En la forma de enseñar, el educador, inspirado en el trato afectivo relacional, muestra una postura, un tono de voz, unas miradas, unas propuestas de trabajo, que reflejan actitud de acogida y a la vez de seguridad. De este modo el niño se siente feliz y deseoso de acudir al colegio y de actuar en clase.

- Para los niños pequeños su preocupación no es amar, ellos entregan todo su afecto. El principal problema para ellos consiste casi exclusivamente en ser amados, en ser amados por lo que son, en ser reconocidos como son.

- *"Cuanto más amado y reconocido se sienta un niño, más probable será que actúe de manera satisfactoria"* (Fromm, 1980).

- En la manera de concebir la enseñanza, tienen especial importancia los esfuerzos encaminados a que el niño viva relaciones satisfactorias. La vivencia de relaciones satisfactorias conlleva afectividad, confianza, seguridad, desinhibición, participación activa,...

- La organización de situaciones o tareas adaptadas a las posibilidades del niño facilita el éxito. La obtención del éxito y su acumulación progresiva satisface otra de sus principales necesidades: sentirse útil.

- La acumulación de experiencias gratificantes excita la autoestima y la disponibilidad. *"La alta autoestima es el resorte principal de la motivación"* (Corkille-Briggs, 1977).

- Hay que confiar en el niño, en sus dotes para crecer, en su proceso natural de desarrollo, como alguien capaz de aprender y evolucionar en interacción con la realidad circundante.

2.3.4. Aspectos relacionados con la circunstancia ambiental

- Las tendencias psicopedagógicas y las teorías actuales relativas al aprendizaje temprano muestran un especial interés por los efectos que producen los estímulos de la circunstancia ambiental en el desarrollo infantil.

- Cohen (1985) resalta la importancia de la circunstancia ambiental para favorecer el desarrollo de las potencialidades de los niños pequeños: *"si el niño no está rodeado, desde los primeros años, por un entorno rico en estimulaciones de todo tipo, corre el riesgo de no sacar nunca partido de su potencial interior"*.

- Medrano (1994) estima que es necesario crear en el aula de Educación Infantil *"un ambiente que proporcione los estímulos necesarios y oportunos para que cada niño avance en sus aprendizajes de acuerdo a su propio ritmo personal"*.

- Con esta finalidad, la gama de incentivos motivadores que pueden utilizarse es enorme. Como dice Montessori (1987): *"Esta preparación del ambiente es una ciencia educativa"*.

- Así lo refleja el Diseño Curricular Base de Educación Infantil (MEC, 1989):

- *"Hay que buscar en la interacción de cada persona con su entorno físico y social las raíces de la entidad psicológica"*.

- *"El contexto más propicio para el aprendizaje infantil es el de la acción, la experimentación, el juego, el intercambio social con los adultos y los compañeros".*

- *"Los aspectos relacionales y afectivos cobran un relieve especial en Educación Infantil... la creación de un ambiente distendido y afectuoso no es solamente un factor que contribuye al crecimiento personal, sino una condición necesaria para que pueda producirse".*

- *"Una adecuada organización del ambiente, incluyendo espacios y recursos materiales, facilitará la consecución de las intenciones educativas".*

- *"El profesor debe ser consciente de que determinada estructura del aula favorece determinadas actividades".*

- *"La interacción entre iguales constituye tanto un objetivo educativo como un recurso metodológico".*

2.3.5. Aspectos metodológicos

- La experiencia vivida por el alumno es la primordial cuestión metodológica.

- En función de ello y del contexto real, el educador puede aplicar diferentes técnicas que van desde el mando directo a la libre exploración. Por ejemplo, al dictar instrucciones para realizar la tarea, puede distinguir entre tareas definidas, semidefinidas o no definidas (Famose, 1992) o puede plantear situaciones motrices reguladas por consignas o libres, sin consignas formales codificadas (Parlebas, 1981).

- Sin embargo, es posible indicar que los principales métodos didácticos en psicomotricidad son la presentación de proposiciones abiertas a la búsqueda del niño y el descubrimiento guiado por el profesor.

- Estos métodos son particularmente posibles y eficaces si el educador planifica y procura una buena organización de la circunstancia ambiental (Mendiara, 1997).

- En un ambiente debidamente preparado, adecuado a las capacidades de los pequeños, el interés por participar aparece espontáneamente y los niños se comprometen libremente en la realización de acciones que son agradables.

- El papel del educador es el de proponer ambientes, objetos, materias, temas generales de búsqueda, dejar a los niños explorar ellos mismos todos esos elementos y saber esperar a que los niños, en sus búsquedas, le necesiten.

- En estas circunstancias, no son los alumnos los que están a disposición del educador sino al revés:

    a) el niño, en un ambiente de seguridad, propiciado por el adulto, está en situación de creatividad, en las puertas de la autonomía, de camino a la responsabilidad
    b) el maestro observa, sugiere o interviene para orientar, no para reemplazar al niño, según las necesidades de la acción educativa. El maestro favorece el análisis de lo percibido por el pequeño y facilita la expresión de sus descubrimientos.

- El educador es necesario ya que los niños, ellos solos, no pueden ni saben organizar el contenido de enseñanza. La labor del educador es planificar y guiar. Su mejor estrategia de enseñanza es favorecer las estrategias de aprendizaje de los pequeños.

- En torno a la exploración giran los modos de aprender de los niños. En este marco metodológico, el niño tantea, investiga, experimenta, busca soluciones adecuadas. A través de las diferentes acciones que realiza selecciona las más satisfactorias, que normalmente son las más acertadas y eficaces. Luego repite intencionadamente hasta dominar los aprendizajes buscados. El proceso continúa de una forma natural hacia la obtención de nuevos aprendizajes en función de las posibilidades y características personales de cada uno.

- La interacción de los pequeños con sus propios compañeros resulta especialmente potenciadora de comportamientos estimulantes del proceso de aprendizaje. Esta dinámica de interacción es un principio básico esencial que afecta también al proceso de crecimiento personal. En efecto, si se quiere mediar en el desarrollo madurativo de la persona total de los niños, conviene potenciar la relación con los iguales, puesto que éstos cumplen una función trascendental para que se manifiesten y se puedan mejorar las capacidades reales de cada uno de ellos.

2.3.6. Aspectos relacionados con la evaluación

- La solución dada por el niño puede sorprender al educador. Este es uno de los alicientes que tiene la escuela. Muchas veces las respuestas infantiles no se ajustan a las propuestas de los maestros. El educador debe saber que lo importante es la respuesta del niño. El niño responde de acuerdo con lo que él entiende, interpreta o se formula, que a veces puede ser distinto de aquello que el educador ha pedido. Si el educador quiere otra respuesta debe precisar o concretar más los términos de la solicitud.

- Los deseos y las necesidades de los niños son las cosas que dan sentido a la educación. Las producciones de los niños tienen un sentido que puede ser o no ser descubierto por el maestro. En este último caso hay que saber esperar hasta que el sentido se manifieste claramente. Entonces el educador podrá valorar y verá si procede o no su intervención.

- Es importante percibir al niño en términos positivos. Estar convencidos de sus posibilidades y hacérselo notar mediante valoraciones adecuadas favorece que todos obtengan resultados superiores, incluso aunque su dotación sea normal o baja.

- Hay realizaciones que pueden ser no compartidas por el educador. La función del educador es orientar esas producciones en la dirección oportuna. Cualquier experiencia infantil, por negativa que parezca, tiene aspectos positivos. Explotar las respuestas positivas es la mejor manera de vencer las limitaciones.

- El aumento de la eficacia respecto a sí mismo es el índice que marca la superación del problema: *"El centro de atención es el individuo y no el problema. El objetivo no es resolver un problema particular sino ayudar al individuo a crecer..."* (Rogers, 1980).

- La evaluación, directamente relacionada con la observación, es un momento más del proceso formativo. Tiene la consideración de continua y permanente.

- La observación del trabajo del niño en las condiciones expuestas permite cubrir diversos objetivos: detectar las interacciones que se establecen dentro del aula (entre iguales, con el adulto, con el material), conocer mejor a los niños, adecuar los aprendizajes a sus necesidades y capacidades, así como hacer un seguimiento efectivo de su desarrollo a lo largo de su escolaridad.

- Se puede utilizar también la observación para revisar todos los elementos del proceso de enseñanza y aprendizaje susceptibles de ser evaluados. Como dice Herrero (1994) *"la observación tiene mucho que aportar en el campo de la evaluación no solo del niño, sino también del proceso de enseñanza/aprendizaje y de la propia actuación de los maestros".*

2.4. Concepto

Tras la denominación del término "psicomotricidad" se acogen multitud de concepciones, que muchas veces no son más que distintas matizaciones teóricas sobre un mismo compromiso central.

Como señala Pastor Pradillo (1994), es muy frecuente encontrarnos con *"cuerpos de doctrina semejantes bajo denominaciones muy variadas: educación psicomotriz, educación psicomotora, psicomotricidad, motricidad, educación vivenciada, expresión dinámica, expresión corporal, educación motriz, motricidad relacional, psicocinesia, Educación Física de Base, etc".*

En este sentido, Pastor Pradillo continúa diciendo *"el término psicomotricidad se refiere a una concepción de la naturaleza humana definida desde un modo global y unitario que permitirá, en el universo de la educación, sustentar diversas estrategias educativas y elegir unos determinados objetivos educativos, sea cual fuere el medio elegido (el matemático, el sonoro, el musical, el plástico, etc) y que en nuestro caso será la Educación Física y por tanto trataremos de justificar y exponer la vertiente psicomotriz en su aplicación, a través del movimiento, al mundo educativo".*

Estas palabras de Pastor Pradillo componen una excelente fórmula introductoria a nuestro concepto de psicomotricidad educativa. En nuestra opinión, la definición de este concepto solicita un enunciado general primero y una explicación posterior.

De acuerdo con lo precedente, se puede definir la psicomotricidad educativa como una forma de entender la educación, basada en la psicología evolutiva y en la pedagogía activa (entre otras disciplinas), que pretende alcanzar la globalidad del niño (desarrollo equilibrado de lo motor, lo afectivo y lo mental) y facilitar sus relaciones con el mundo exterior (mundo de los objetos y mundo de los demás).

Siguiendo esta definición, la psicomotricidad educativa contempla (gráfica 8):

1. Al niño como centro de atención del proceso educativo.

2. Su globalidad como estado de unión de lo motor, lo afectivo y lo mental.

3. La actividad y la relación como ejes del proceso (el objetivo primordial no es el aprendizaje de movimientos, sino el establecimiento de relaciones significativas del niño consigo mismo y, a través de sí mismo, con el medio físico y social).

4. La incidencia del entorno (ambiente humano, material y natural que rodea al niño) y su importancia como fuente de experiencias

(necesidad de preparar previamente y de manipular adecuadamente la circunstancia ambiental).

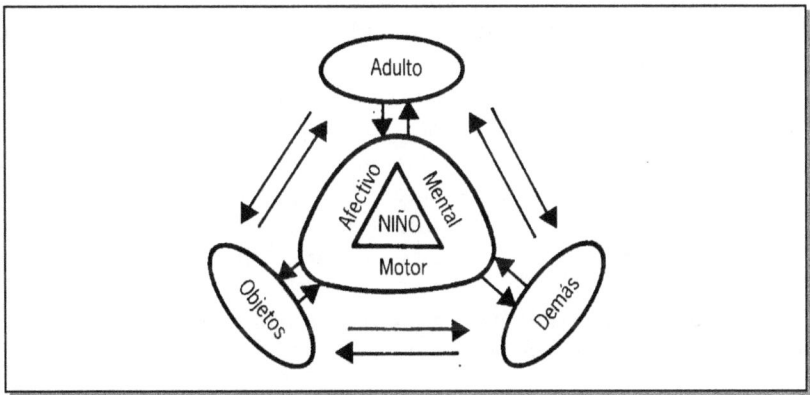

Gráfica 8: Concepto de psicomotricidad educativa. Esquema explicativo de los cuatro aspectos que contempla: el primero representado por el triángulo central, el segundo por el triángulo ovalado, el tercero por las flechas cortas y el cuarto por las flechas largas.

La psicomotricidad educativa, así entendida, más que unos ejercicios, más que una técnica, más que un método, es una actitud, un talante, una forma de entender la educación, no pertenece a un área determinada ni excluye a ningún educador. Aunque, por utilizar la actividad motriz, haya sido o quiera ser incorporada en muchos casos dentro de la educación física, lo cierto es que va más allá. Concretamente, en las etapas de educación infantil y primaria, el maestro, sea o no especialista de educación física, puede adquirir y, luego, manifestar y aplicar su talante psicomotor en todas las áreas que contempla el currículo escolar.

Psicomotricidad educativa y educación de la motricidad pueden ser términos coincidentes. Argumentamos esta afirmación.

El Diccionario de Psicología (Sedmay ediciones, Madrid, 1980) define así la motricidad: *"Conjunto de fenómenos que concurren en la realización de una contracción muscular: La motricidad está gobernada por las estructuras del sistema nervioso central que son así el origen de la contracción. Según los centros puestos en juego, la contracción muscular puede ir seguida de un movimiento (motricidad piramidal) o de un aumento del tono de postura (motricidad extrapiramidal)".*

Macazaga (1990) reconoce en la motricidad una doble dimensión, una externa y otra interna:

- La externa considera el fenómeno observable desde el exterior, es la motricidad de acción, *"la que está puesta en juego cuando el niño realiza un salto, un pase, una carrera, etc."*, y requiere la activación de las

diferentes capacidades motrices en sus aspectos cualitativos (habilidades y destrezas básicas como la coordinación y el equilibrio, incluyendo otros contenidos como el esquema corporal y la estructuración espacio-temporal) o cuantitativos (fuerza, velocidad, flexibilidad y resistencia).
- La interna considera la motricidad vivida desde el interior, es el niño mismo actuando. *"Es ésta la motricidad de la expresión y la comunicación, se le llama también emocional"*. La motricidad interna aporta datos muy interesantes para conocer la personalidad de aquel que está actuando (su forma de ser, de estar, de entender, de relacionarse con los demás y de actuar en función de las situaciones).

Dice Macazaga (ibídem) que *"Estos dos puntos de vista son distintos pero ambos necesarios e interdependientes"*.

Según Lagardera (1993), la motricidad humana se puede enunciar como la capacidad de un sujeto para *"generar movimiento de tipo autógeno... La motricidad es la expresión de una capacidad que permite movernos... Motricidad se traduce en movimientos orgánicos, funcionales, operativos o banales, pero también en sentir o pensar en ese movimiento"*.

Siguiendo estas definiciones, la motricidad humana comunica mucho más que formas, habilidades, procedimientos o rendimientos, y afecta a una parte tan extensa de la vida del ser humano que su tratamiento, como hemos visto antes, puede ser abordado por multitud de disciplinas: medicina, fisiología, biomecánica, psicología, sociología, pedagogía y otras.

De acuerdo con lo precedente, no todos los comportamientos del niño pueden ser atendidos específicamente por el educador, pero sí son muchos los tipos de acciones que se hacen expresas en el ámbito escolar y se les puede prestar la debida atención: correr, saltar, dibujar, decidir, hablar, sentir, emocionarse, relajarse,... En estas acciones, mediante las cuales el niño se presenta con una movilidad manifiesta (saltar) o con una inmovilidad aparente (estar relajado), la motricidad está presente.

Y esta motricidad puede ser educada desde la perspectiva psicomotriz. ¿Cómo?: aplicando los postulados educativos de la psicomotricidad reflejados en el punto 2.3 anterior. Entonces para nosotros coinciden psicomotricidad educativa y educación de la motricidad.

El término motricidad ha sido sometido a una discutible bifurcación: psicomotricidad y sociomotricidad.

Para Parlebas (1988), esta distinción es perfectamente controlable: la psicomotricidad corresponde a la actividad motriz que desarrolla un individuo en solitario, mientras que la sociomotricidad representa el campo de las actividades motrices en las que se produce comunicación práxica entre los participantes.

Sin embargo, para Le Boulch (1987), el término psico-socio-motricidad expresa una verdadera inflación verbal. Este autor piensa que la utilización de esta palabra corresponde a una cierta desautorización de la psicomotricidad, como si ésta no tuviera influencia sobre la socialización, cuando *"La socialización es función de la buena evolución de la imagen del propio cuerpo".*

Lapierre, en vez de usar el prefijo "socio", añade el adjetivo "relacional" al término "psicomotricidad". La "psicomotricidad relacional" de Lapierre introduce el cuerpo como mediador principal de la relación entre los participantes.

Lo cierto es que el concepto de motricidad, sin prefijos ni adjetivos calificativos, alude a la unidad indivisible de la persona con capacidad para pensar, sentir y hacer cosas en un medio determinado en el que también pueden estar las demás personas. Incluye tanto los fenómenos fisiológicos (aptitud física) como los psicológicos (pensamiento, afectividad), que constituyen la raíz de la psicomotricidad. A su vez, la motricidad pone en juego la comunicación del individuo con los demás, motricidad en relación, que es la base de la psicomotricidad relacional y de la sociomotricidad.

En definitiva, estas acotaciones teóricas del término motricidad son abstracciones que buscan explicar aspectos diferentes de una misma realidad, la persona humana, que es a la vez individual y social. En este sentido se puede entender el enfoque de Lapierre, apreciar la postura de Le Boulch y reconocer el esfuerzo epistemológico de Parlebas.

Con todo, aunque podamos discutir si la psicomotricidad tiene un nombre acertado, quizás no, y creamos que el término motricidad resulta suficiente para expresar la capacidad que permite movernos de una forma total y unitaria, los educadores siempre podremos actuar en defensa del concepto de psicomotricidad: por su planteamiento de la idea de globalidad, por los beneficios que su filosofía y su puesta en práctica han otorgado y siguen otorgando a la educación, por merecimientos propios, por la entidad alcanzada especialmente en los niveles iniciales de la escolaridad, su nombre y su presencia tienen un sitio bien ganado en el campo educativo.

Ejercicios y preguntas
- Elabora un mapa mental en el que se muestre de forma detallada la psicomotricidad educativa.
- Establece un esquema en donde se muestren las semejanzas y diferencias de los autores representativos de la psicomotricidad educativa.

Resuelve un caso práctico
- Diseña una propuesta de tareas de intervención educativa de psicomotricidad para un grupo de 20 niños de 5 años, que contenga objetivos, contenidos, estrategias didácticas, agrupamientos, tareas motrices, materiales y evaluación.

Bibliografía complementaria
- BLÁZQUEZ, D. y ORTEGA, E. (1984). *La actividad motriz en el niño de 3 a 6 años*. Madrid, Cincel.
- JUSTO MARTÍNEZ, E. (2000). *Desarrollo psicomotor en educación infantil. Bases para la intervención en psicomotricidad.* Almería, Servicio de Publicaciones de la Universidad de Almería.
- LATORRE, P.A. (2007). La educación física en Educación Infantil, grado de desarrollo y compromiso docente. *Revista Iberoamericana de Educación*, 43, 7-10.
- LÓPEZ PASTOR, V.M. (2008). La importancia del trabajo colaborativo para el tratamiento de la motricidad infantil. Una propuesta integral a partir del aprendizaje inducido. *Revista Española de Pedagogía*, 239, 137-150.
- MARTÍN-DOMÍNGUEZ, D: (2008). *Psicomotricidad e intervención educativa*. Madrid, Pirámide.
- MENDIARA, J, (1999). Espacios de acción y aventura. *Apunts*, 56, 65-70.
- VACA, M. (2000). Reflexiones en torno a las posibilidades educativas del tratamiento pedagógico de lo corporal en el segundo ciclo de Educación Infantil. *Revista Interuniversitaria de Formación del Profesorado*, 37, 103-120.
- VISCARRO, M.I. y CAMPS, C. (1999). Propuestas de educación psicomotriz: objetivos y fines de la sesión. *Actas del XVII Congreso Nacional de Educación Física*. Huelva, Universidad de Huelva, 517-527.

Cuadro de actividades relativas al Capítulo 2

CAPÍTULO 3. LA PSICOMOTRICIDAD EDUCATIVA EN ESPAÑA

3.1. Recorrido histórico

Vamos a repasar la historia de la psicomotricidad educativa en España significando su proceso de integración en el sistema educativo.

Distinguimos tres etapas. En la primera detallamos la situación precedente a la aparición de la psicomotricidad y su llegada. En la segunda explicamos cómo se lleva a cabo su incorporación a los programas y reflejamos la expansión que alcanza. En la tercera consideramos la integración propiamente dicha (fusión) de sus planteamientos holísticos en el sistema educativo.

Nos vamos a centrar en los niveles iniciales de la escolaridad (hasta los 8 años) y más concretamente en la etapa de Preescolar/Infantil (0-6 años) por entender que en esa franja de edad es donde la psicomotricidad ha tenido más aceptación y sigue teniendo más vigencia. Encontramos una justificación teórica de este hecho en el razonamiento psicomotor de Arnáiz y Bolarín (2000), para quienes el niño *"es el único ser en el que la estructura motriz, la afectiva y la cognitiva, se encuentran perfectamente imbricadas, funcionando como un todo esencialmente hasta los siete u ocho años"*.

3.1.1. Primera época (hasta el año 1980): antecedentes y llegada.

Está dicho que la psicomotricidad, como verdadero tema educativo, surge en Francia, en torno a los años sesenta, con la publicación de la obra *Education psychomotrice et arriération mentale* de Picq y Vayer.

En España, en aquel momento, todavía bajo los auspicios de la Ley de Enseñanza Primaria de 1945, parece que solo había lugar en la escuela para lo intelectual. Lo motor era poco valorado y lo afectivo estaba oculto. La enseñanza estaba centrada en el maestro que era el poseedor de los conocimientos y el autoritarismo era la fórmula habitual en el aula (gráfica 9).

Gráfica 9: La enseñanza era masculina o femenina. También la gimnasia educativa. Ejercicio de marcha con palmadas de un grupo de niñas de una escuela de Huesca.

La Ley General de Educación (LGE) de 1970 buscó un cambio que condujera a la formación integral del alumno como persona. Las bases de programación habían de girar en torno a unas Orientaciones Pedagógicas, dictadas por el Gobierno, que pretendieron ser un instrumento ágil y flexible que sirviera a los educadores para alcanzar los objetivos que marcaba la Ley.

Determinadas actividades inherentes a la educación del movimiento, muchas de ellas propias de la gimnasia (juegos de imitación, ejercicios de equilibrio, de coordinación, de movilidad articular, de agilidad, correctores), se presentaron paralelamente a otras de música y dramatización, constituyendo entre todas un área denominada "expresión dinámica", que se debía impartir en el nivel Preescolar y en la Primera Etapa de la Educación General Básica (EGB)

La Delegación Nacional de Educación Física y Deportes (1971) envió a los Centros, como material de apoyo, una "Guía didáctica del área de expresión dinámica", destinada a la Primera Etapa de EGB, que también recogía posibles actividades para la edad preescolar.

Dicha guía estaba editada por la Junta Nacional de Educación Física, órgano colegiado encargado del fomento, dirección y coordinación de las actividades físico-deportivas en el ámbito escolar. Las actividades para la edad preescolar se presentaban escuetamente así (DNEF y D, 1971):

- *"De dos a cuatro años.- En la edad preescolar el niño aprenderá juegos sencillos que faciliten su desarrollo físico y el dominio gestual. Cuando también se programe algo de gimnasia, se practicará de una forma espontánea, con ejercicios de movilidad general principalmente, es decir, ejecutados en forma de "diversión gimnástica" (cuento-lección o imitaciones).*

- *De cinco a seis años.- Empleo, un poco ordenado, de la Educación Física por medio de juegos, paseos, cantos y bailes, entre otros ejercicios. Los movimientos serán desarrollados buscando efectos higiénicos. Los ejercicios se construirán a base de imitaciones, atendiendo al equilibrio, elasticidad, destreza y coordinación, así como a la autoexpresión y creatividad que sean capaces de desenvolver los alumnos".*

Como se puede apreciar, el objetivo de formación integral del alumno como persona se encontraba más en el manifiesto de la Ley que en el desarrollo práctico de los programas. El cambio metodológico fue escaso, en consonancia con las explicaciones dadas y el ofrecimiento de recursos.

No obstante, la filosofía que se adivinaba detrás de la noción de expresión dinámica, era muy sugestiva. La expresión dinámica constituía un área educativa que podía englobar la educación del movimiento acogiendo diferentes manifestaciones expresivas: ritmo, expresión corporal, mimo, dramatización, juegos, gimnasia, deportes, música (gráfica 10). En el ámbito de actuación de la expresión dinámica, con más insistencia al final de la década, se empezó a hablar de psicomotricidad.

Gráfica 10: Niños realizando una actividad de expresión dinámica con cintas de tela y música.

Las primeras directrices sobre psicomotricidad, a escala oficial, llegaron a la escuela en el año 1977 de la mano de unas Instrucciones de la Dirección General de Educación Básica del MEC[1]. Sirvieron para introducir un concepto que indicaba la estrecha relación existente entre las adquisiciones motoras y el desarrollo intelectual.

El concepto se amparaba en la conjugación de los términos: cuerpo, objetos, espacio y tiempo. Los objetivos específicos que el niño debía conseguir a través de los juegos y los ejercicios corporales se desarrollaban en esos cuatro campos fundamentales.

Durante un tiempo circuló por el ámbito escolar esta moda pedagógica. Era como "hacer las cosas pensando", expresión ésta que, en lenguaje familiar, se llegó a utilizar para definir esas primeras nociones que llegaron a la escuela sobre psicomotricidad[2] (gráfica 11).

Gráfica 11: Concepto de psicomotricidad que llega a la escuela. Predominio de lo psicológico sobre lo motor y, dentro de lo psicológico, de lo intelectual sobre lo afectivo relacional.

3.1.2. Segunda época (1980-1985): asentamiento y expansión.

Al comienzo de la década de los años 1980 la Administración Educativa decidió renovar los programas. La educación física constaba en los Programas Renovados como área independiente. Se contemplaba tanto en el nivel Preescolar como en el Ciclo Inicial de la EGB. Desaparecía el término expresión dinámica, vigente en la etapa anterior[3].

---

[1] Niveles básicos de referencia del área de expresión dinámica. Anexo a las Instrucciones de la Dirección General de Educación Básica sobre aplicación de las orientaciones pedagógicas vigentes a los primeros cursos de EGB y su coordinación con los niveles de Educación Preescolar. Ministerio de Educación y Ciencia. Madrid, 21 de octubre de 1977. (Revista Vida Escolar, 193-194).

[2] Que los niños sean conscientes de lo que están haciendo era y es un excelente objetivo de aprendizaje y tiene una acusada dimensión psicomotriz, pero no puede servir para definir la psicomotricidad. Aunque no es extraño que así fuera pues el arraigo de los contenidos intelectuales siempre ha sido muy firme en la institución escolar, dándose más importancia a la transmisión de saberes que al desarrollo personal.

[3] La desaparición del término expresión dinámica permitió que la educación física fuera una asignatura independiente, pero el bien estaba hecho. Se había logrado inculcar cierto carácter de globalización en las enseñanzas que podía acometer como área educativa.

Los objetivos y actividades del área de educación física para Preescolar se insertaron en cuatro bloques temáticos:

1. Contacto con los objetos.
2. Conocimiento y ajuste corporal.
3. Percepción y estructuración espacial.
4. Percepción y estructuración temporal.

Como se puede observar los campos fundamentales atribuidos a la psicomotricidad (cuerpo, objetos, espacio y tiempo) se correspondían con los bloques temáticos asignados al área de educación física en los Programas Renovados, por lo que cabía entender que la educación física en Preescolar debía ser psicomotricidad o que la psicomotricidad representaba la actividad motriz más adecuada para el niño en Preescolar. Lo que, sin duda, quedaba claro es que la psicomotricidad se incorporaba dentro del área de educación física.

Según los Programas Renovados la educación física se debía entender como *"una forma de favorecer la evolución de la personalidad usando como elemento básico de relación el movimiento corporal"* (Revista Vida Escolar nº 212, mayo-junio 1981).

Esta interesante definición que hacía referencia al desarrollo de la personalidad, no tenía su necesaria correspondencia con los subsiguientes bloques de contenidos. Los niveles básicos de referencia de Preescolar y Ciclo Inicial (Revista Vida Escolar, nº 208, septiembre-octubre 1980) no contemplaban los aspectos expresivos del movimiento en los bloques temáticos del área de educación física. Si se quería dar con ellos había que descubrirlos en otras áreas. Algunos objetivos y contenidos de corte afectivo relacional se encontraban en un área semioculta, misteriosa e ignorada que figuraba con el nombre de comportamiento afectivo social. Las propuestas expresivas se encontraban en el área de educación artística.

Sin embargo dicha definición traducía un importante cambio conceptual y filosófico, que era producto de las aportaciones de determinadas corrientes de la filosofía, de la psicología y de la pedagogía, que estaban ejerciendo una notable influencia en el campo educativo:

- El modelo humanista de Carl Rogers (1972, 1975, 1980) proporcionaba un marco filosófico útil para incorporar a la escuela un enfoque centrado en el niño dentro de una pedagogía no directiva.

- La psicología genética, representada especialmente por Henri Wallon y Jean Piaget, aportaba estudios pertinentes a las etapas del desarrollo de la personalidad en sus aspectos intelectuales y afectivos. Wallon (1974, 1975, 1980) asignaba un papel esencial al "diálogo tónico" y daba importancia a los aspectos afectivos y relacionales en la producción del movimiento. En Piaget (1972, 1973, 1977) destacaban los estudios sobre la actividad "sensomotora" y su incidencia en el ámbito cognitivo.

- Llamaban poderosamente la atención la pedagogía Freinet[4] y los métodos de otros representantes de la escuela activa (Claparède, Dewey, Decroly, Montessori) que preconizaban la experiencia vivida por el alumno frente a los conocimientos transmitidos por el maestro o por los libros.

Eclosionaron entonces diferentes líneas de psicomotricidad, procedentes todas ellas de la corriente francesa:

- La psicocinética de Jean Le Boulch (1969) representó el primer contacto serio de la escuela con la psicomotricidad. Este método aportaba al cuerpo y al movimiento otra dimensión que la tradicional. Se distinguían objetivos funcionales. Otros eran de corte relacional. La función de ajuste (con y sin representación mental) y las funciones perceptivas (del propio cuerpo y de los campos exteriores espacial y temporal) ayudaban a discernir el trabajo espontáneo del reflexivo, a matizar el darse cuenta y la intencionalidad. Lo afectivo y lo relacional estaban presentes, en mutua dependencia con los objetivos funcionales, pero sin profundizar.

- Pierre Vayer (1977a, 1977b) facilitó a los educadores las nociones básicas a tener en cuenta para hacer psicomotricidad. Su sencillez y claridad conceptual en términos de globalidad del niño, relaciones: "Yo - mundo exterior", educación como formación, actitud del adulto y acción educativa eran un regalo para la formación teórica de los que se iniciaban en psicomotricidad.

- André Lapierre y Bernard Aucouturier (1977a, 1977b, 1980) aportaron, además de las funcionales, otras posibilidades de la psicomotricidad. Juntos profundizaron en las características psicoafectivas de los niños. Luego, por separado, Lapierre se dedicó a enseñar cómo enfocar la comunicación a través de la relación psicomotriz y Aucouturier centró su atención en transmitir su técnica para intervenir sobre el medio y las producciones de los niños.

Desde una idea común de construcción de la personalidad cada autor representó un enfoque diferente con objetivos más o menos funcionales, relacionales, educativos, reeducativos o vivenciales. Estos objetivos calaron fácilmente en el ánimo de los educadores. Dos líneas se pudieron entresacar:

---

[4] La pedagogía Freinet. Tema del mes, bloque monográfico en la revista de educación *Cuadernos de Pedagogía* nº 54, junio 1979, pp. 3-24.

- Una, de carácter más bien reflexivo, en la que predominaba lo perceptivo y funcional (Le Boulch, Vayer), fue bien acogida por la institución escolar (Gráfica 12).

- La otra, de carácter más relacional, en la que destacaba lo psico-afectivo y emocional (Lapierre, Aucouturier), fue recibida, en sus inicios, con ciertas reticencias (Gráfica 13).

Gráfica 12: Enfoque funcional. Ajustes posturales. Estos niños colocan sus manos y sus pies siguiendo una propuesta de trabajo pintada en el suelo del patio de recreo.

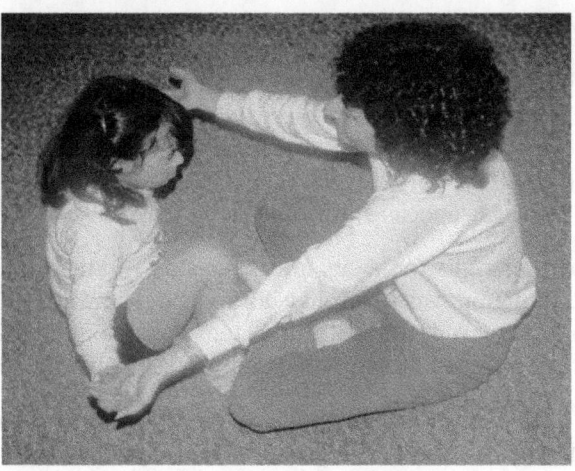

Gráfica 13: Enfoque relacional. Comunicación no verbal. Una maestra utiliza el lenguaje del gesto, la postura, la mímica, el sonido, la mirada y el contacto corporal en la relación con una niña.

3.1.3. Tercera época (1985 hasta hoy): integración.

En pleno apogeo de la corriente psicomotriz, el Ministerio de Educación y Ciencia planteó la necesidad de una profunda reestructuración del sistema educativo y durante el curso 1984-1985 inició un plan de reforma de la EGB. La reforma emprendida afectó también a la Educación Preescolar en la que se venían considerando dos periodos (jardín de infancia y párvulos). En esta etapa educativa se acometió un programa de experimentación (Plan Experimental de Educación Infantil, año 1985)[5], que derivó en un nuevo modelo de Educación Infantil con dos ciclos (0-3 y 3-6 años) sancionado por la Ley de Ordenación General del Sistema Educativo (LOGSE, 1990).

Este modelo fue redefinido por la Ley Orgánica de Calidad de la Educación (LOCE, 2002) que establecía dos etapas: Educación Preescolar (0-3) y Educación Infantil (3-6) pero no llegó a aplicarse. El calendario de aplicación fue paralizado y la ley derogada y sustituida por la Ley Orgánica de Educación (LOE, 2006) que recuperó los planteamientos de la LOGSE (una sola etapa 0-6, dividida en dos ciclos 0-3 y 3-6).

La nueva y última Ley Orgánica para la Mejora de la Calidad Educativa (LOMCE, 2013), cuyo calendario de implantación comienza el curso 2014-2015, sigue manteniendo el modelo de la LOGSE en la etapa de educación infantil.

Con la reforma iniciada en la segunda mitad de los años 1980, surgió un nuevo enfoque educativo que podemos llamar integral. Por influencia de la psicología, la pedagogía y la sociología, dentro del campo de las Ciencias de la Educación, se originó una corriente que trataba de poner en común los aspectos teóricos y prácticos más relevantes de los enfoques correspondientes a las épocas anteriores (Coll, 1987).

Esta corriente, que tenía sus miras puestas en atender a la educación del niño en su totalidad, afectó a todas las áreas del aprendizaje y se movía y sigue moviendo dentro de un criterio sistematizador que está presente en las diferentes propuestas ministeriales impulsadas hasta hoy (año 2016).

Vamos a considerar tres fases para explicar mejor o con más detalle el proceso seguido en esta época integradora:

A) Fase de experimentación de la reforma (1985-1990): coexistencia.

Emprender la reforma supuso la revisión y actualización de los Programas Renovados.

Como hemos dicho, diferentes argumentos psicológicos, pedagógicos y sociológicos apoyaron este proyecto educativo. El *Anteproyecto de marco*

---

[5] Orden Ministerial del día 26 de abril de 1985, publicada en el Boletín Oficial del Estado del día 30.

curricular para la Educación Infantil (MEC, 1986), señalaba los siguientes: la globalidad del niño, la necesidad de unidad de todos los sistemas (acciones educativas) que intervienen en su vida, la incidencia del entorno (ambiente humano, material y natural que le rodea) y su importancia como fuente de experiencias, la preferencia por una metodología que permita al niño ser el agente de su propio desarrollo, el valor de resaltar su protagonismo junto a los padres y los maestros, y la preocupación por desarrollar su identidad individual y social.

La propuesta ministerial se encontraba, pues, muy cerca de las líneas maestras de la psicomotricidad. Éstas quedaban patentes en la definición de los objetivos generales del programa experimental de Educación Infantil. El objetivo general de la Educación Infantil que el Anteproyecto planteaba era: *"Ofrecer las condiciones que mejor garanticen el desarrollo integral de los niños menores de 6 años"* (MEC, 1986). Este objetivo general se estructuraba en otros tres, también muy generales, abordados desde la óptica de la relación como eje principal (ibídem):

- *"Que el niño vaya construyendo su identidad personal con una imagen positiva y ajustada de sí mismo.*

- *Que el niño conozca el entorno físico y natural y viva su interacción con él de forma activa, placentera y creativa.*

- *Que el niño viva sus relaciones con otros niños y adultos de forma libre y satisfactoria, experimentando sentimientos de pertenencia y arraigo en un grupo social y cultural, necesario para el desarrollo progresivo de su participación autónoma y creativa en la sociedad."*

A partir de estos objetivos, plenamente coincidentes con las relaciones "Yo - mundo exterior" que propugna la psicomotricidad, había que elaborar la propuesta de contenidos. De una manera lógica surgían tres bloques: conocimiento de sí mismo, relaciones con el entorno físico, relaciones con los demás.

Se trataba de unos bloques verdaderamente abiertos y generales. Permitían la creación y elaboración de propuestas curriculares propias. Elaborar la correspondiente propuesta de contenidos iba a depender de la organización que se quisiera adoptar en la Escuela Infantil.

Los contenidos de la educación física - psicomotricidad de corte funcional, correspondientes a los Programas Renovados de la EGB (época anterior) y los de la psicomotricidad relacional que ahora añadía el Anteproyecto experimental de la reforma (fase presente), podían coexistir armoniosamente: el cuerpo, la vivencia, la actividad, la relación humana, el juego, ocupaban un lugar importante en la propuesta ministerial (gráfica 14).

Gráfica 14: Conjugación de estos aspectos (cuerpo, vivencia, actividad, relación humana, juego) en una práctica de psicomotricidad puesta en marcha en el Colegio Pío XII de Huesca.

B) Fase de implantación y continuidad de la LOGSE (1990-2006): normalización.

Una vez concluida la fase experimental de la reforma el Gobierno, mediante la Ley de Ordenación General del Sistema Educativo (LOGSE, 1990), propuso la Educación Infantil con dos ciclos (0-3 y 3-6 años) en sustitución de la Educación Preescolar.

El Diseño Curricular Base de Educación Infantil, documento prescriptivo del MEC (1989), sancionado tras la LOGSE por el Real Decreto 1330/1991, erradicó las diferentes áreas que se contemplaban en los Programas Renovados y, de acuerdo con lo experimentado en la reforma, propugnó que se buscaran líneas de conexión que permitieran un tratamiento realmente globalizado de los contenidos. *"El objetivo primordial de la Educación Infantil es estimular el desarrollo de todas las capacidades, físicas, afectivas, intelectuales y sociales"* del niño (MEC, 1989, Vol. 1: EI).

Este objetivo general se desarrollaba a través de otros diez, también generales que derivaban en tres ámbitos o áreas de experiencia establecidos para estructurar la acción pedagógica: identidad y autonomía personal, descubrimiento del medio físico y social, representación y comunicación.

Los contenidos del programa escolar estaban referidos a: organización corporal, desarrollo de habilidades motoras, aumento de la eficacia motriz, adquisición de competencias, construcción de conocimientos, adopción de actitudes personales, desarrollo de valores socio-afectivos y aceptación de normas.

Como podemos ver, el documento prescriptivo contenía una propuesta eminentemente psicomotriz y globalizadora. Aunque el texto citara poco la palabra psicomotricidad (lo hacía en la Introducción), mostraba que ésta tenía plena vigencia y actualidad. Lo cual evidenciaba la normalización de la psicomotricidad en los principios que regían la Educación Infantil y en los programas que la desarrollaban.

Al poco de empezar el nuevo milenio se promulgó una Ley Orgánica de Calidad de la Educación (LOCE, 2002) que no se llegó a aplicar. Como ya queda dicho, el calendario de aplicación fue paralizado y, finalmente, fue derogada dándose continuidad al sistema de la LOGSE.

C) Fase de implantación de la LOE y la LOMCE (2006 hasta hoy): fusión.

El año 2006 el Gobierno promulgó e implantó una nueva Ley Orgánica de Educación (LOE) y posteriormente, un nuevo Gobierno ha promulgado la Ley Orgánica para la Mejora de la Calidad Educativa (LOMCE, 2013), cuyo calendario de implantación comienza el curso 2014-2015. Los retoques habidos en ambas leyes no rompen ni cambian el modelo de Educación Infantil de la LOGSE (una sola etapa 0-6 años con dos ciclos 0-3 y 3-6).

La administración educativa central otorga mayores responsabilidades a las comunidades autónomas en esta etapa educativa (0-6 años) y se reserva la definición de las enseñanzas mínimas en el segundo ciclo (3-6 años), cuyos aprendizajes se presentan en tres áreas o ámbitos de actuación: Conocimiento de sí mismo y autonomía personal; Conocimiento del entorno; y Lenguajes: comunicación y representación.

A partir de esta propuesta las distintas comunidades autónomas con competencia en educación, respetando siempre estas áreas, ofrecen a través de sus diferentes decretos y órdenes una distribución de los contenidos que puede diferir en algunos aspectos.

Como sucedía en las propuestas curriculares aplicadas anteriormente (tres bloques temáticos de la reforma educativa y tres ámbitos de experiencia de la LOGSE) estas tres áreas guardan una estrecha relación entre sí. Buena parte de los contenidos de cada área adquieren sentido desde la perspectiva de las otras dos. Su estructura traduce una concepción de la enseñanza más global que la estimación de las materias tradicionales (lenguaje, matemáticas, música, plástica, educación física,...) por separado.

Así pues, estas tres áreas no están consideradas como radicalmente diferentes y no se produce el encasillamiento de las actividades en disciplinas aisladas. Esta circunstancia pone de manifiesto su carácter integral y la necesidad de contemplarlas desde una perspectiva globalizadora.

En esa línea de pensamiento (perspectiva globalizadora), estimamos que la psicomotricidad, cuna de la idea de globalidad, rica en ámbitos de aplicación y propuestas metodológicas, no como disciplina sino como forma de entender la educación, por influencia de la psicología, la pedagogía y la sociología, alimentada en el campo de las Ciencias Humanas y de la Educación, ha sido introducida con claridad en la ideología y maneras de actuar de la Educación Infantil.

Es cierto que ni en estas leyes ni en el Real Decreto[6] que las desarrolla aparece el término psicomotricidad, pero su filosofía y contenidos se hallan claramente expresados en la normativa legal. Las pautas pedagógicas y las enseñanzas propuestas incluyen líneas y conceptos propios de la psicomotricidad. Esta persistencia de los planteamientos psicomotores sin que exista la necesidad de nombrar el término psicomotricidad da a entender su integración (inclusión, fusión) empírica en el marco normativo del sistema educativo infantil español.

Para finalizar este apartado, ofrecemos el siguiente cuadro (gráfica 15), a modo de resumen general.

ÉPOCA		MARCO LEGAL	PROPUESTA MINISTERIAL	ETAPA	ÁREA DE INSERCIÓN
Llegada (hasta 1980)		LGE 1970	Orientaciones Pedagógicas	Preescolar	Expresión Dinámica
Asentamiento (1980-1985)		LGE 1970	Programas renovados	Preescolar	Educación Física
Integración (1985-hoy)	(1985-1990) Coexistencia	Reforma educativa	Plan experimental	Infantil	Tres bloques temáticos
	(1990-2006) Normalización	LOGSE 1990 LOCE 2002*	Diseño Curricular Base	Infantil	Tres ámbitos de experiencia
	(2006-hoy) Fusión	LOE 2006 LOMCE 2013	Decreto de desarrollo	Infantil	Tres áreas de actuación

Gráfica 15: Cuadro esquemático, resumen general, del proceso de integración de la psicomotricidad en las etapas iniciales del sistema educativo español. * Los aspectos de la LOCE no se detallan porque quedaron sin aplicación a favor de la LOGSE.

---

[6] Real Decreto 1630/2006, de 29 de diciembre, por el que se establecen las enseñanzas mínimas del segundo ciclo de Educación infantil para todo el Estado. MEC, «BOE» núm. 4, de 4 de enero de 2007.

3.2. Tendencia actual

En la reunión de los aspectos teóricos y prácticos más relevantes de los enfoques anteriores, en la búsqueda de un concepto de psicomotricidad unificado e integral, en la apertura de espacios para que todos los ámbitos de aprendizaje y desarrollo infantil tengan sitio, se puede cifrar la tendencia actual de la psicomotricidad educativa en España (gráfica 16).

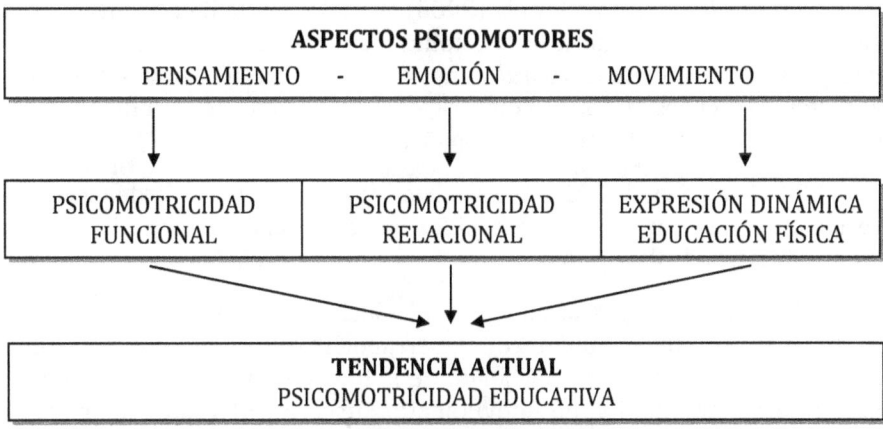

Gráfica 16: Esquema representativo de la tendencia actual de la psicomotricidad educativa en España

Al igual que sucede en otros países, diversos autores españoles ligados al mundo de la educación participan desde diferentes puntos de vista en esta idea integradora. Citamos en primer lugar a Berruezo, uno de los principales impulsores del proceso de unificación, tristemente fallecido el año 2009 a los 47 años de edad, a quien, in memoriam, dedicamos este libro. Otro es Muniáin, ocupado en explicar un concepto que denomina "*Psicomotricidad de integración*". Otros, sin que los citemos a todos, aportan estudios inherentes a su gran experiencia profesional.

Para Berruezo (2000) la psicomotricidad educativa es una línea de trabajo, en manos de los maestros, educadores o pedagogos, que contribuye a establecer adecuadamente las bases de los aprendizajes y de la personalidad infantil.

Muniáin (2001) propone la "*Psicomotricidad de integración*" (PMI), no como selección de tipos de psicomotricidad que se acoplan, sino como un proceso vital que contempla, en la totalidad motriz, la presencia de cada una de las dimensiones de la persona.

Viscarro y Camps (2001), con una visión que engloba estudios y propuestas metodológicas realizadas por diferentes autores desde Antón (1979) en adelante, se posicionan en una postura mixta e integradora que aglutina y amplía los planteamientos de las corrientes normativa y dinámica precedentes. En esa línea abierta, flexible e integral, Mendiara (2008), buscando armonizar los contenidos y completar el alcance de los enfoques funcional y relacional, justifica y propone uno que llama "natural".

Arnáiz (2000) constituye un referente para traducir la opción educativa del modelo conocido como "Práctica Psicomotriz" de Aucouturier, en el que uno de los elementos clave es la noción de "expresividad motriz", directamente vinculada al desarrollo motor, afectivo y cognitivo del niño.

Vaca (2000), junto a Varela (2008), actualiza en la Educación Infantil, su pensamiento en torno a las posibilidades educativas del "*Tratamiento pedagógico del ámbito corporal*", modelo de aplicación práctica de los aspectos esenciales de la psicomotricidad, en el que lleva reflexionando desde la aparición de la misma en España.

Gil Madrona (2001, 2013) hace una selección, ordenación y secuenciación de objetivos y contenidos en referencia a la motricidad en la etapa educativa de 0 a 6 años.

Herrero (2000), Quirós (2001), Sánchez y Llorca (2001), Franc (2001), Lázaro (2000a, 2000b, 2002), Serrabona (2006) y Hernández (2008, 2015), entre otros autores, partiendo de la idea de unidad del cuerpo y de una concepción amplia de movimiento, ofrecen referentes teóricos y aplicaciones prácticas muy adecuadas para entender la intervención psicomotriz en los niveles de Educación Infantil, Primaria, y también en Educación Especial.

Encaja aquí también lo dicho en el punto "1.2. Evolución de la psicomotricidad" referente a la confluencia de tendencias y avances actuales en España y en el punto "1.3. La psicomotricidad hoy" sobre la relación e interés de unidad de los psicomotricistas e instituciones españolas entre sí (FAPEE) y con el resto de Europa (FEP).

3.3. Propuesta general de intervención

En cuanto a la tendencia de utilizar la psicomotricidad como manera de educar e intervenir en todas las áreas de aprendizaje y desarrollo que componen el currículo oficial, se pueden encontrar ejemplos que la hacen realidad en las actas de los cinco congresos estatales organizados por la FAPEE, en artículos de revistas especializadas, en los programas y cursos de especialización que imparten escuelas y universidades, en los seminarios de formación de los centros de profesores y en la práctica docente diaria.

La psicomotricidad entendida como intervención tiene un espacio amplio, rico y abierto de actuación. Junto a los temas que son de su competencia, gradualmente se incorporan aspectos del aprendizaje emergentes en el sistema educativo español. Tienen sitio y lo encuentran: el mundo sonoro/musical (tonadillas, canciones con movimiento, gestos corporales, ritmo, danza, bailes,...), el juego motor, la actividad en el medio acuático, el cuento motor/vivenciado, el arte, la expresión corporal, la dramatización, la destreza en el lenguaje y el bilingüismo, la expresión plástica, el dibujo y la representación gráfica, los aprendizajes instrumentales, las habilidades lógico matemáticas, el empleo de los medios audiovisuales, de las nuevas tecnologías, de la información y la comunicación, la inteligencia emocional, la teoría de las inteligencias múltiples, el reconocimiento en los niños de estrategias de aprendizaje y habilidades metacognitivas, la atención temprana, la atención a la diversidad, a la multiculturalidad, a los problemas de aprendizaje, los avances de la logopedia y la pedagogía terapéutica, la estimulación vestibular, las comunidades de aprendizaje, la educación inclusiva,... Lógicamente todo ello o lo que se haga de ello, debe ser ofrecido por profesionales bien formados, capaces de llevar a cabo en equipo un proyecto educativo coherente y armonizado en el que el centro de atención es el niño.

En un artículo titulado "La pirámide del desarrollo humano", Lázaro y Berruezo (2009) ofrecen un modelo gráfico, visual y esquemático sobre el proceso de desarrollo humano y explican las secuencias que se producen en el mismo. Este modelo, con forma piramidal, que lleva a la persona desde la maduración de sus sistemas sensoriales hasta la consecución de la conducta adaptativa, nos parece útil y recomendable para orientar el tratamiento de la psicomotricidad en el campo educativo (gráfica 17).

Gráfica 17: Pirámide del desarrollo (Lázaro y Berruezo, 2009)

Nosotros (Mendiara 1997, junto a Gil 2003) pensamos que la psicomotricidad tiene un gran poder de intervención en cualquiera de las direcciones que sea requerida la acción educativa: desarrollo general o mejora de alguno de los factores (perceptivo motores, físico motores, afectivo relacionales) que componen la globalidad del niño (gráfica 18).

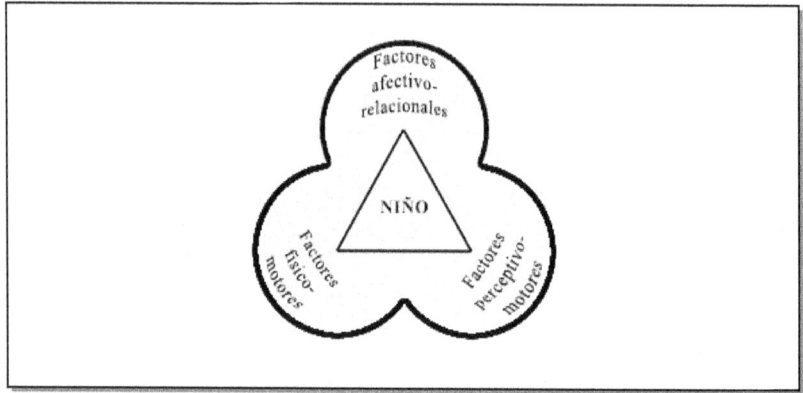

Gráfica 18: Abstracción de la idea de globalidad.

Como quiere señalar el trébol simbolizado en la figura precedente (gráfica 18), el objetivo final de toda intervención psicomotriz es el desarrollo armónico y equilibrado de los aspectos que componen la personalidad infantil (los tres círculos están igualmente desarrollados).

La acción educativa se debe dirigir, pues, al desarrollo global del niño, aunque también podemos hablar de impulsar un determinado factor si está descompensado respecto a los otros, de procurar su avance si está retrasado, de prestarle mayor atención si lo necesita, siempre sabiendo que no hay separación tangencial y que ningún factor se da en ausencia de los demás (los tres círculos se comunican).

De este modo cualquier acción corporal es siempre multifactorial. A la hora de organizar la acción educativa, podremos hablar de equilibrio, proporcionalidad, de predominio o de mayor énfasis de un factor sobre los demás pero no de exclusividad (los tres círculos son un todo).

Ahora bien, cada uno de estos factores tiene un sentido peculiar que contribuye al logro de ese desarrollo global.

3.3.1. Factores perceptivo motores

Hablar de globalidad y de factores perceptivo motores no es contradictorio. En una situación de globalidad, se pueden dar este tipo de factores en una medida digna de consideración. En el ámbito de los factores perceptivo motores se inscriben todas aquellas circunstancias o causas que favorecen la aparición de actitudes mentales, actitudes que pueden ser mejoradas a través del movimiento.

La percepción es un acontecimiento fundamentalmente cognoscitivo, que ocurre gracias a las sensaciones procedentes del propio cuerpo (interoceptivas, propioceptivas) y del mundo exterior (exteroceptivas). En el niño pequeño la percepción se encuentra íntimamente ligada a la sensoriomotricidad. La vida sensitiva nutre a la percepción.

Conforme el niño crece, activa el mecanismo perceptivo motor siempre que realiza acciones motrices de manera intencional. En las situaciones de exploración, por ejemplo, la actitud perceptiva es evidente.

El cuerpo solicitado por los factores perceptivo motores es el cuerpo consciente, vinculado a la motricidad voluntaria, a la representación mental. Un cuerpo comprometido en pensar, en decidir, en actuar. Un cuerpo que es el de un ser global ávido de conocer.

La percepción es un proceso cognitivo muy valorado desde siempre en la institución escolar. Para hacer notar su relación con la actividad motora ha tenido mucho que ver el enfoque funcional de la psicomotricidad. Quizá por ello, junto al desarrollo de los sistemas sensoriales (vista, oído, olfato, gusto, tacto, interocepción, propiocepción, orientación laberíntico-vestibular), se pueden considerar algunas actividades asociadas a la psicomotricidad funcional como representativas de este bloque en el programa escolar: percepción del propio cuerpo (esquema e imagen corporal), percepción espacial (situación, dirección, orientación), percepción temporal (ritmo, duración), control tónico postural, equilibrio, lateralidad, control respiratorio, relajación, motricidad fina, grafomotricidad, control de la atención, destrezas del lenguaje,... todo en un medio en el que también están los objetos (conocimiento del entorno físico) y los demás (desenvolvimiento en el medio social).

Uno de los aspectos fundamentales de la percepción es la significación. La percepción implica interpretar la información y construir objetos dotados de significación. Se trata de retomar los propios conocimientos, operar sobre ellos construyendo nuevos aprendizajes y saber expresarlos o representarlos. De este modo se produce aprendizaje significativo (gráfica19).

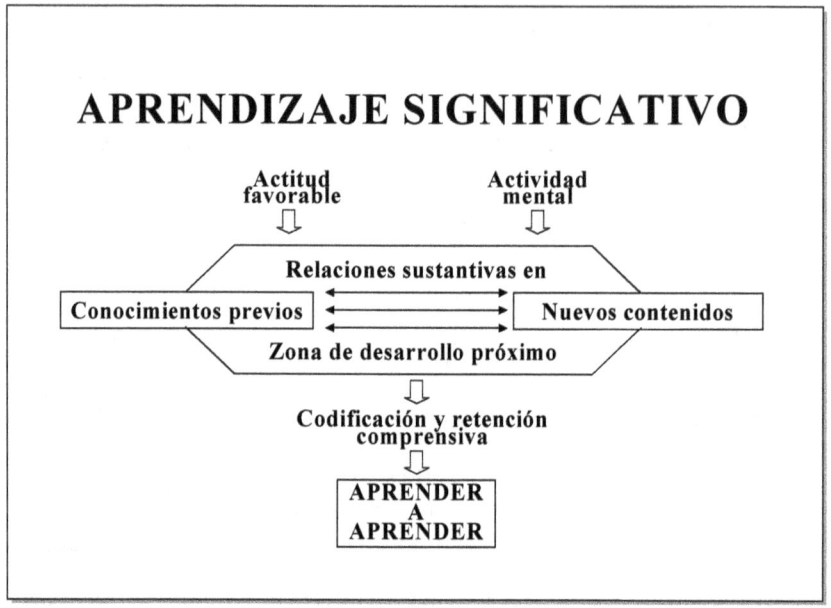

Gráfica 19: Se parte de los conocimientos previos. Deben darse una serie de condiciones relativas a la motivación o actitud favorable del alumno. Implica la realización de una actividad mental intensa. El conocimiento se obtiene a partir de la interacción entre las informaciones nuevas y los conocimientos anteriores (relaciones sustantivas en zona de desarrollo próximo). Busca la adopción por parte de los alumnos de estructuras cognitivo motrices comprensivas, que aprendan a aprender.

Los objetivos y contenidos de los programas oficiales, las adquisiciones escolares, los conocimientos,... La escuela siempre ha estado muy preocupada por ello. En la actualidad, constructivismo y pedagogía activa parecen ser una fórmula apropiada para potenciar la activación del mecanismo perceptivo motor.

Esta fórmula considera importante que los niños tomen conciencia de lo que hacen, adquieran competencias, construyan conocimientos, elaboren producciones motrices dotadas de significación y sepan expresar las sensaciones percibidas. Estima el valor que tienen las diferentes formas de expresión (lenguaje verbal, plástico, escrito, matemático) para significar las vivencias y descubrimientos que se producen en las sesiones prácticas.

Varios factores objetivos y subjetivos están llamados a intervenir: espacios, materiales, compañeros, adultos, motivaciones, expectativas, hábitos, recuerdos, experiencias anteriores, aprendizajes, la propia personalidad. Sí, la propia personalidad, porque, en definitiva, el niño está inmerso en un proceso de aprendizaje global y desarrollo madurativo, en un proceso de construcción de la propia personalidad. Cuando los planteamientos didácticos son adecuados a las necesidades del niño, éste actúa, cuando se le da la oportunidad de actuar el niño aprende, y cuanto más actúa y más aprende, mejor se siente y más desarrolla su personalidad.

Buscando la mejora de factores perceptivo motores, se pueden proponer unos espacios, unos materiales y determinados objetos que resultan apropiados para favorecer la actividad intelectual: rincones, zonas pintadas, formas geométricas, materiales para la construcción, pizarras, libros, folios, ordenadores,... y otros elementos que favorezcan la representación. Por supuesto, se cuenta con el propio cuerpo y con la presencia de los demás. Aunque el aula de clase sea el espacio habitual, se pueden crear ambientes diversos en el patio, en el gimnasio y en otras salas (de música, plástica, de uso múltiple,...) del edificio escolar. Asimismo se pueden aprovechar las posibilidades que ofrecen el entorno próximo y el medio natural (gráfica 20).

Gráfica 20: Percepción del propio cuerpo (lateralidad), del espacio que ocupa y del tiempo que tarda en recorrer determinadas zonas pintadas en el patio de recreo.

En el plano didáctico, el adulto interesado en desarrollar este tipo de factores, dispone de una amplia gama de posibilidades metodológicas: dictado de consignas abiertas a la interpretación personal de los niños, presentación de tareas semidefinidas que los niños pueden precisar y propuesta de juegos, más o menos libres, más o menos organizados.

Todo ello presidido por la intención educativa. Una intención educativa con objetivos e intervenciones del educador encaminadas a favorecer el acceso al pensamiento operatorio, la aprehensión y la representación, la participación consciente,... Una intención educativa que, en todo caso, debe respetar las formas de aprender del niño, cuya expresividad global nadie pretende disociar.

3.3.2. Factores físico motores

Hay tareas que pueden ser tenidas como fundamentalmente motrices. Son ese tipo de tareas tradicionalmente asignadas a la educación física. Su ejercitación precisa activar los mecanismos de coordinación global y funcional del movimiento. Su grado de complejidad hay que buscarlo en factores de tipo neuromuscular. Factores que tienen que ver con la adquisición del dominio y el control del cuerpo, que favorecen el equilibrio y la práctica de movimientos naturales, que potencian el desarrollo de la condición física, que enriquecen el comportamiento motor, que buscan la eficacia corporal.

El cuerpo solicitado por los factores físico motores es el cuerpo instrumental, locomotor, físico. Un cuerpo que puede poner en funcionamiento gran cantidad de ejes de movimiento, de músculos, de articulaciones, de reacciones motrices. Un cuerpo que va adquiriendo patrones motores a medida que la motricidad evoluciona. Un cuerpo cuya realidad física se manifiesta a través de movimientos, posturas, actitudes,... Un cuerpo que es el de un ser global interesado en saber hacer.

Saber hacer no implica que deba producirse movimiento. Hay acciones que reflejan movilidad manifiesta, otras muestran una inmovilidad que es aparente y todas pueden ser realizadas por el niño espontánea o reflexivamente, temerosa o decididamente, a escala individual o en comunicación con otros.

La actividad es una característica predominante en el niño pequeño. El juego y la actividad física son algunas de sus necesidades fundamentales. La cuestión está en si la escuela proporciona al niño las suficientes oportunidades para satisfacer sus demandas con relación al movimiento, si le permite vivir corporalmente diversas y variadas actividades físicas.

Son actividades representativas de este bloque las encaminadas a desarrollar las habilidades lúdico-recreativas (juegos de ejercicio, de imaginación, de aproximación a las reglas), las habilidades motrices básicas (desplazamientos, giros, saltos, lanzamientos), las capacidades motrices relacionadas con la coordinación dinámica general (reptación, gateo, trepa, tracción, empuje) y específica (manipulaciones, golpeos, conducciones), así como la colocación del propio cuerpo en posiciones estáticas diversas y el tratamiento operativo del cuerpo en relación con los otros.

Estas actividades requieren un proceder pedagógico globalizador y funcional. De hecho se enmarcan bajo el nombre de coordinación motriz en los contenidos de la psicomotricidad funcional. Sin embargo, para Mendiara

(2008) son parte constitutiva de un enfoque alternativo "natural" y consustancial con la necesidad de juego y movimiento de los niños.

Contemplando el ejercicio de la motricidad de esta manera, los pequeños pueden: actuar espontáneamente, desarrollar su condición física (velocidad, resistencia, fuerza, flexibilidad) y sus cualidades motoras (coordinación, equilibrio, agilidad, elasticidad), realizar actividades exploratorias, adquirir nuevas praxis (aprendizaje significativo), descubrir nuevas acciones posturales y motrices en interacción con los objetos y los demás (aprendizaje cooperativo), superar situaciones que entrañen pequeñas dificultades e implicarse en un sinfín de juegos.

En el mundo del niño pequeño, la actividad lúdico-recreativa de carácter global es una fuente de gozo. Existen unos medios muy aprovechables para hacer posible que se desencadene la actividad gozosa, productiva y eficaz de los niños: propuestas de juego en el patio, en el polideportivo, en el entorno escolar, en la naturaleza; utilización de objetos específicos de educación física, de uso general del centro, de las instalaciones del entorno, elementos naturales; empleo de materiales convencionales, no convencionales, diseñados por el profesor,... El diseño y construcción, en el gimnasio, de ambientes de aprendizaje (Blández 1995, Mendiara 1999) que permitan a los niños entregarse a la actividad ludomotriz con confianza y seguridad, es un excelente recurso.

En el plano didáctico, el adulto interesado en desarrollar este tipo de factores, puede aplicar esencialmente dos técnicas metodológicas: la presentación de proposiciones que potencien la actividad física (exploratoria y recreativa) y el descubrimiento guiado

Es importante que los niños, en sus tanteos experimentales, en sus ensayos, puedan emplear todo su cuerpo implicándose globalmente. El balanceo, las diferentes formas de caída, la combinación de giro y caída, la fase de vuelo durante un salto, rodar,... son actividades que realizadas espontáneamente proporcionan un gran placer (gráfica 21).

Gráfica 21: Este niño consigue suspenderse de unas gomas en posición invertida. El logro alcanzado le proporciona placer y satisfacción personal.

Todo ello presidido por la intención educativa del maestro. La actitud del educador es ir detrás de la iniciativa de los alumnos, pero la intención educativa va por delante.

El educador imbuido de esta metodología sabe que a partir del ejercicio motor entran en funcionamiento los mecanismos de ajuste, toma de conciencia, automatización, control corporal, transferencia, etc., y conoce que los niños ponen en marcha sus propias estrategias de aprendizaje, relaciones de ayuda, juegos de proyección social, etc. Así es que estimula las producciones de los niños, buscando que ellos mismos amplíen su capacidad corporal, su aprendizaje, su desarrollo global y su maduración personal.

3.3.3. Factores afectivo relacionales

Los aspectos relacionales y afectivos cobran un relieve especial en la educación del niño pequeño y en la atención a la diversidad. La creación de un ambiente cálido, afectuoso y compartido es uno de los agentes que más contribuyen al crecimiento personal y la integración social de los niños. Otro factor fundamental es el juego. El juego libre, en un clima de creatividad, confianza y seguridad, es un recurso muy efectivo para que ese crecimiento y esa integración se puedan producir.

Para hablar de estos factores conviene centrarse en el término "vivencia" cuya connotación afectiva encierra toda la riqueza emocional que contienen las producciones espontáneas de los niños. A través de la vivencia el niño proyecta su estado de ánimo y manifiesta sus sentimientos. La vivencia de los niños es fundamentalmente espontánea y emocional.

Cuando los niños juegan en libertad este fenómeno es particularmente observable. Sus inquietudes, sus preocupaciones, sus tensiones, sus pulsiones, sus afectos, sus rechazos, su alegría, su enfado, afloran ante los ojos del observador con meridiana claridad. La rica, variada y compleja personalidad de los niños se manifiesta con nitidez.

¿Cuántas facetas enriquecedoras del yo personal pueden ser trabajadas en el juego libre? Son muchas las vivencias y experiencias profundas que tienen los niños y que pueden ser orientadas por el profesor. Unas, las negativas, pueden ser moduladas y otras, las positivas, pueden ser explotadas. Todas pueden ser dirigidas hacia la adopción de actitudes personales, al desarrollo de valores socio-afectivos y a la aceptación de normas, cuestiones que son indispensables para una buena adaptación al mundo exterior.

Aquí tiene perfecta cabida el enfoque relacional de la psicomotricidad porque destaca en la utilización del juego libre, entendiendo el juego libre no como "dejar hacer" sino como algo planificado estratégicamente y llevado a cabo en una atmósfera de libertad, tolerancia, respeto y creatividad. Ello implica preparación de ambientes concretos y observación activa por parte del docente.

Este enfoque es especialmente útil si se puede contar con un espacio que resulte acogedor y cálido (sala de psicomotricidad) y de unos materiales adecuados (objetos sugerentes y seguros que favorezcan la comunicación afectiva: bloques de goma-espuma, globos, pelotas, aros, cuerdas, telas, cajas, instrumentos sonoros).

En la educación por el movimiento, en el juego en libertad, la vivencia sensoriomotriz corresponde al niño. El niño se entrega con placer a la vivencia del cuerpo en sí mismo, a la vivencia del cuerpo en relación con los objetos y a la vivencia del cuerpo en relación con los demás.

El cuerpo solicitado por los factores afectivo relacionales es ese cuerpo, vinculado a la motricidad espontánea, en el que están depositados los deseos infantiles. Un cuerpo capaz de motivar comportamientos procedentes de impulsos interiores, comportamientos de los que el niño puede no tener conciencia.

Este discurso no quiere ser freudiano, ni psicoanalítico. En todo caso el posicionamiento es ir del principio de placer al principio de realidad. La línea es educativa, no terapéutica. Se busca desarrollar la capacidad de autocontrol emocional del niño de modo que vaya siendo capaz de encontrar su sitio y de adaptar sus comportamientos en función de la realidad exterior.

La práctica educativa de este enfoque procura el tratamiento pedagógico de determinados aspectos afectivo relacionales: identidad y afirmación del yo, autoestima, expresión de emociones, desarrollo de la creatividad, actitudes y comportamientos positivos, impulso de valores, aceptación de normas, relaciones satisfactorias con el entorno físico y social, conjugación armoniosa de la individualidad y la socialización. Estos aspectos se conectan muy bien con los contenidos de la expresión corporal en el programa escolar (posibilidades expresivas del cuerpo a nivel individual, con los objetos y con los demás, bailes espontáneos y danzas sin codificar, expresión gestual, comunicación corporal, desinhibición, exteriorización de emociones y sentimientos,...).

En los encuentros en la sala de psicomotricidad, el educador permite la expresión global psicomotriz de los niños. Allí la manifestación sincera de su mundo afectivo no está reprimida. Aparecen vivencias que ayudan a conocer y mejorar sus sentimientos y sus relaciones con los demás. Pero estas vivencias no se dan aisladamente sino impregnadas de otros aspectos que hacen referencia al cuerpo global: acciones positivas que denotan que la inteligencia está presente, logros y realizaciones motrices estimulantes y gozosas, formas de representación creativas,...

También pueden detectarse o producirse dificultades que normalmente son superadas por los mismos niños (gráfica 22).

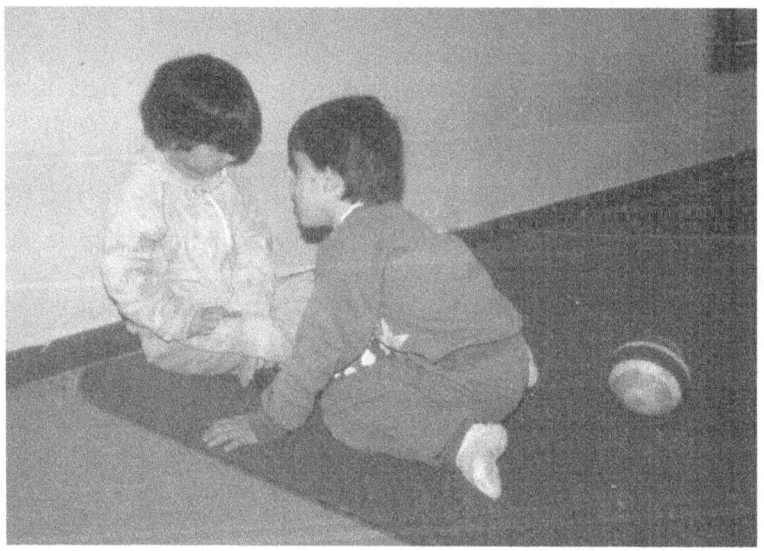

Gráfica 22: Un niño se preocupa por una compañera que no sale a jugar en una sesión con pelotas.

Al permitir su expresión global, el niño puede reflejar sus estados de ánimo, sus tensiones y sus conflictos. El ambiente de la sala de psicomotricidad es un contexto propicio para la observación de los comportamientos más genuinos, así como de las relaciones que tienen los niños entre ellos y con el adulto. En el ámbito psicoeducativo, el educador puede dar salida y tal vez resolver algunas de esas tensiones y conflictos internos de los pequeños.

En el tratamiento de los factores afectivo relacionales, se concede importancia al lenguaje no verbal (diálogo tónico, mirada, gestos, sonidos,...), pero también a las habilidades de conducta verbal (preguntar, pedir, agradecer, disculparse, expresar afectos, proponer, explicar los sentimientos,...). Esto último significa que, en un momento dado o al final de la sesión, se puede pedir al niño que explique lo que siente. Sin emitir juicios de valor, que el niño hable o hablar con el niño de sus vivencias puede ser necesario en determinadas ocasiones.

En el plano didáctico, la técnica metodológica más propicia para favorecer el desarrollo de estos factores es la proposición de temas generales de búsqueda, sin consignas formales codificadas, estando los niños en situación de libertad creativa. Ello presidido por una intención educativa consistente en propiciar que los niños encuentren su equilibrio emocional y desarrollen sus ingentes habilidades sociales.

La función del maestro es ayudarles a crecer como personas. La educación de la personalidad del niño pequeño tiene mucho que ver con el adulto y con los compañeros. De cómo sean estas relaciones dependerá la inicial formación de su personalidad.

3.3.4. Eje didáctico vertebrador

Sabiendo la trascendencia que tiene la interacción de los niños con el entorno físico y social en aras a su desarrollo global, la construcción de su personalidad y los logros escolares, parece importante organizar adecuadamente la circunstancia ambiental.

Para ello sugerimos la utilización de un eje didáctico vertebrador del trabajo de los tres tipos de factores, basado en la manipulación pedagógica de la circunstancia ambiental. Este eje gira en torno a la creación y aprovechamiento de espacios, la organización de materiales y el empleo de técnicas metodológicas apropiadas para favorecer el aprendizaje y el desarrollo global de los pequeños (gráfica 23).

FACTORES A DESARROLLAR	TÉCNICAS METODOLÒGICAS	ESPACIOS Y MATERIALES
Perceptivo-motores	Consignas abiertas	Aula normal
		Aulas de expresión
		Aula multisensorial
	Descubrimiento guiado	Patio de recreo
Físico-motores		Polideportivo
	Actividad exploratoria	Entorno próximo
		Medio natural
Afectivo-relacionales	Libertad creativa	Gimnasio
		Sala de psicomotricidad

Gráfica 23: **Elementos básicos del eje vertebrador**

El cuadro que ofrecemos (gráfica 23) no establece relaciones unívocas. Las casillas no están cerradas. Las relaciones entre factores, técnicas metodológicas, espacios y materiales, son múltiples, variadas y no exentas de cierta complejidad. En general, pensamos que los factores perceptivo-motores pueden trabajarse en cualquier espacio mediante consignas y estilos de enseñanza que impliquen cognitivamente al alumnado, mientras que los factores físico-motores y los afectivo-relacionales solicitan instalaciones más precisas y técnicas menos directivas.

En cuanto a los factores, hay que procurar atender siempre aspectos de todos ellos en cada sesión pero, según dónde y cómo se haga la sesión, se puede potenciar el trabajo (predominio, énfasis) de un factor sobre los demás. A su vez, si se armonizan los tipos de sesión, se puede equilibrar el trabajo de todos los factores.

Respecto a las técnicas. No se proponen técnicas metodológicas aisladas o exclusivas para trabajar cada factor, sino amplitud, diversidad y flexibilidad metodológica esencialmente no directiva (variable según el tipo de actividad, las características de los alumnos participantes y su comportamiento): presentación de proposiciones abiertas a la interpretación personal de los niños, descubrimiento guiado, actividad ludo-motriz exploratoria, situaciones motrices en libertad creativa. Produce buenos resultados trabajar los factores perceptivo-motores mediante consignas, emplear técnicas poco directivas en los físico-motores y otorgar mucha dosis de libertad en los afectivo-relacionales.

Sobre los espacios y materiales. Si bien el trabajo de algunos aspectos y habilidades requiere instalaciones precisas, ningún espacio se puede considerar exclusivo de un factor ni tiene como misión educar parcialmente al niño. Con algo de voluntad e imaginación, incluso en una sala, se pueden diseñar, crear, utilizar diferentes espacios de acción, se pueden dotar de materiales apropiados y se pueden estructurar precisas prácticas en ellos para atender todos los componentes de la personalidad infantil. También se pueden aprovechar las posibilidades que ofrecen el entorno próximo y el medio natural.

En cuanto a la programación de actividades, la propuesta que se hace aquí es también general. No hay fórmulas exactas que nos atrevamos a dar. Es necesario conocer la realidad física y social del lugar en el que se está, el puesto de trabajo que uno ocupa, el grupo o grupos de niños y cada niño en particular que se atiende, así como los recursos y medios que se disponen para fijar una programación concreta.

En las guarderías y colegios españoles, corresponde a cada centro diseñar el proyecto educativo y a los docentes trazar el proyecto curricular. Éstos, al diseñar su programación particular, deben ponerse de acuerdo y recoger las prácticas más idóneas para potenciar el desarrollo global de sus alumnos y conseguir un proyecto curricular coherente y armonizado.

Pensamos que lo ideal sería que en ese equipo docente los titulares de grado y los especialistas de las diferentes áreas de aprendizaje pudieran y quisieran utilizar la psicomotricidad como manera de educar y, en el futuro, que hubiera algún titulado oficial encargado de impartir psicomotricidad como disciplina propia (perfil educativo) o con destino a los alumnos que tienen dificultad (carácter reeducativo).

3.3.5. Conclusión

Entendemos que esta propuesta de intervención psicomotriz basada en la confluencia e interacción de tres tipos de factores (perceptivo motores, físico motores y afectivo relacionales) puede participar junto a otras en el proceso de unificación emprendido por los psicomotricistas españoles. Es básica y general, se dirige a todas las personas interesadas en la educación psicomotriz y no es única, puede completar y matizar o ser completada y matizada por otras vigentes en España: Calmels (2003) señala tres dimensiones corporales (instrumental-motriz, afectivo-emocional y cognitivo-práxica) que se relacionan entre sí. Alcaide (1996) establece, con otros nombres, también tres dimensiones (cuerpo real, cuerpo vivido y cuerpo emocional). Camps (2002) añade una cuarta (cuerpo motriz instrumental, cuerpo cognitivo, cuerpo tónico-emocional y cuerpo fantasmático y relacional), posiblemente coincidiendo con los niveles de organización psicomotriz que describe Núria Franc (1996) (sensomotriz, cognitivo, tónico y simbólico). Berruezo (2009) considera cuatro (funcional, racional, emocional y relacional) y Serrabona (2003) siete (cuerpo motriz, cuerpo cognitivo, cuerpo relacional, cuerpo social, cuerpo afectivo, cuerpo conativo y cuerpo fantasmático).

Por último, queremos expresar nuestra fe en la psicomotricidad. Estamos a favor de su reconocimiento oficial. Aconsejamos su presencia en todas las aulas. Apoyamos su unidad: ámbitos de aplicación, enfoques, propuestas, proyectos de trabajo, prácticas y actividades psicomotoras puede haber muchas, pero psicomotricidad solo hay una.

Ejercicios y preguntas
- Elabora un esquema gráfico de la evolución de la psicomotricidad educativa en España.
- Elabora un mapa o esquema que contengan los contenidos perceptivo-motores, físico-motores y afectivos-relacionales e intenta conectar o relacionar en dicho esquema los referidos contenidos.

Resuelve un caso práctico
- Diseña una propuesta de intervención para niños de 5 años en donde se trabajen en la misma clase o sesión los contenidos perceptivo-motores, físico-motores y afectivos-relacionales, enmarcada en la legislación vigente, en donde el juego tenga un protagonismo especial. Describe cuál será el ambiente, los espacios de "acción" de la sala de psicomotricidad y la actuación del educador.

Bibliografía complementaria
- ARNÁIZ, P., RABADÁN, M. y VIVES, I. (2008). *La psicomotricidad en la escuela: una práctica preventiva y educativa.* Archidona (Málaga), Aljibe.
- BAÑERES, D. y otros (2009). *El juego como estrategia didáctica.* Barcelona, Graó.
- BASSEDAS, E., HUGUET, T. y SOLÉ, I. (2006). *Aprender y enseñar en educación infantil.* Barcelona, Graó.
- GIL, P., CONTRERAS, O., ROBLIZO, M. y GÓMEZ, I. (2008). Potencial pedagógico de la Educación Física en la Educación Infantil: atributos y convicciones. *Infancia y Aprendizaje, 31* (2), 165-178.
- MORRISON, G.S. (2008). *Educación Infantil.* Madrid, Pearson.
- PERRENOUD, P.H. (2004). *Desarrollar la práctica reflexiva en el oficio de enseñar.* Barcelona, Graó.
- RUIZ, J., GARCÍA, A., GUTIÉRREZ, F., MARQUÉS, J.L., ROMÁN, R. y SAMPER, M. (2008). *Los juegos en la motricidad infantil de los 3 a los 6 años.* Barcelona, INDE (2ªEd.)
- SERRABONA, J. (2006). La intervención psicomotriz en la escuela. Un programa de actuación psicomotriz. La Psicomotricidad de Integración en el marco educativo. *Revista Iberoamericana de Psicomotricidad y Técnicas corporales 22 (6),* 139-152
- SUGRAÑÉS, E. y ÁNGEL, M.A. (2007). *La educación psicomotriz (3-8 años). Cuerpo, movimiento, percepción, afectividad: una propuesta teórico-práctica.* Barcelona, Graó.
- ZABALA, A. y ARNAU, L. (2007) *Cómo aprender y enseñar competencias. 11 ideas clave.* Barcelona, Graó.

Cuadro de actividades relativas al Capítulo 3

REFERENCIAS BIBLIOGRÁFICAS

- ALCAIDE, A. (1996). El cuerpo del analista en el espacio terapéutico. En C. Alemany y V. García (Eds.) *El cuerpo vivenciado y analizado*. Bilbao, Desclée de Brouwer.
- ANTON, M. (1979). *La psicomotricidad en el parvulario*. Barcelona, Laia.
- ARNÁIZ, P. (2000). La práctica psicomotriz: una estrategia para aprender y comunicar. *Revista Iberoamericana de Psicomotricidad y Técnicas Corporales, nº 0*, pp. 5-13.
- ARNÁIZ, P. y BOLARÍN, M.J. (2000). Guía para la observación de los parámetros psicomotores. *Revista Interuniversitaria de Formación del Profesorado, nº 37*, pp. 63-85.
- AUCOUTURIER, B. y otros. (1985). *La práctica psicomotriz. Reeducación y Terapia*. Barcelona, Científico-médica.
- BALLESTEROS, S. (1982). *El esquema corporal (Función básica del cuerpo en el desarrollo psicomotor y educativo)*. Madrid, Tea.
- BERRUEZO, P.P. *Página de la psicomotricidad*. [http://www.terra.es/personal/psicomot]
- BERRUEZO, P.P. (2000). Hacia un marco conceptual de la psicomotricidad a partir del desarrollo de su práctica en Europa y en España. *Revista Interuniversitaria de Formación del Profesorado, nº 37*, pp. 21-33.
- BERRUEZO, P.P. (2009). El cuerpo, eje y contenido de la Psicomotricidad. *Revista Iberoamericana de Psicomotricidad y Técnicas Corporales, nº 34*, pp. 112-122.
- BLÁNDEZ, J. (1995). *La utilización del material y del espacio en Educación Física*. Barcelona, Inde.
- CALMELS, D. (2003). *¿Qué es la Psicomotricidad?* Buenos Aires, Lumen.
- CAMPS, C. (2002). El esquema corporal. En M. Llorca, V. Ramos, J. Sánchez Rodríguez y A. Vega (Eds.) *La práctica psicomotriz: una propuesta educativa mediante el cuerpo y el movimiento*, pp. 355-398. Archidona (Málaga), Aljibe.
- COHEN, R. (1985). Aprendizaje del lenguaje escrito en los niños pequeños: ¿Problema pedagógico o social y humano?. *Ponencias y comunicaciones de las II Jornadas de Preescolar*. Huesca, Escuela Universitaria Profesorado EGB. Edita: Secretariado de Publicaciones, Universidad de Zaragoza.
- COLL, C. (1987). *Psicología y Currículum*. Barcelona, Laia.
- CORKILLE-BRIGGS, D. (1977). *El niño feliz*. Barcelona, Gedisa.
- CREMADES, Mª A. (1999). Los materiales y la metodología psicomotora. *Memorias del 4º Congreso Mundial de Educación Infantil*. Madrid, A.M.E.I.
- DELEGACIÓN NACIONAL DE EDUCACIÓN FÍSICA Y DEPORTES (1971). *Guía didáctica del área de expresión dinámica. Educación Físico-deportiva. Primera Etapa*. Madrid, DNEFyD.
- DUPRÉ, E. (1925). *Pathologie de l'imagination et de l'emotivité*. París, Payot. Citado por P. Arnaud. Tomado de Vázquez (1989).
- FAMOSE, J.P. (1992). *Aprendizaje motor y dificultad de la tarea*. Barcelona, Paidotribo.

- FEDERACIÓN ASOCIACIONES PSICOMOTRICISTAS ESTADO ESPAÑOL [http://www.fapee.net]
- FORUM EUROPEO DE PSICOMOTRICIDAD [http://psychomot.org]
- FRANC, N. (1996). Reflexiones sobre la práctica: ejes y bloques de la psicomotricidad. *Psicomotricidad, Revista de Estudios y Experiencias, nº 53*, pp. 15-25.
- FRANC, N. (2001). La intervención psicomotriz en educación. *Revista Iberoamericana de Psicomotricidad y Técnicas Corporales, nº 1*, pp. 5-17.
- FROMM, E. (1980). *El arte de amar*. Barcelona, Paidós.
- GIL MADRONA, P. (2001). *Desarrollo psicomotor y educación física en educación infantil*. Proyecto docente. Inédito. UCLM. Albacete.
- GIL MADRONA, P. (2013). *Desarrollo curricular de la educación física en la educación infantil*. Madrid, Pirámide.
- HERNÁNDEZ, Á. (2008). *Psicomotricidad: fundamentación teórica y orientaciones prácticas*. Servicio de Publicaciones (Publican) de la Universidad de Cantabria.
- HERNÁNDEZ, Á. (2015). *Guía de actuación y evaluación en psicomotricidad vivenciada*. Madrid, CEPE.
- HERRERO, A.B. (2000). Intervención psicomotriz en el Primer Ciclo de Educación Infantil: estimulación de situaciones sensomotoras. *Revista Interuniversitaria de Formación del Profesorado, nº 37*, pp. 87-102.
- HERRERO, M.L. (1994). Cómo introducir en el aula la Metodología Observacional. Una visión práctica. *Revista Argentina de Psicopedagogía*, nº 34 (2da etapa), pp. 24-35.
- LAGARDERA, F. (1993) Contribución de los estudios praxiológicos a una teoría general de las actividades físico-deportivo-recreativas. *Apunts, nº 32*, pp.10-18.
- LAPIERRE, A. y AUCOUTURIER, B. (1977a). *Educación vivenciada* (3 volúmenes). Barcelona, Científico-médica.
- LAPIERRE, A. y AUCOUTURIER, B. (1977b). *Simbología del movimiento*. Barcelona, Científico-médica.
- LAPIERRE, A. y AUCOUTURIER, B. (1977c). *La Educación Psicomotriz como terapia: Bruno*. Barcelona, Médica y Técnica.
- LAPIERRE, A. y AUCOUTURIER, B. (1980). *El cuerpo y el inconsciente*. Barcelona, Científico-médica.
- LÁZARO, A. (2000a). La inclusión de la Psicomotricidad en el Proyecto Curricular del Centro de Educación Especial: de la teoría a la práctica educativa. *Revista Interuniversitaria de Formación del Profesorado, nº 37*, pp. 121-138.
- LÁZARO, A. (2000b). *Nuevas experiencias en Educación Psicomotriz*. Zaragoza, Mira Editores.
- LÁZARO, A. (2002). *Aulas multisensoriales y de psicomotricidad*. Zaragoza, Mira Editores.
- LÁZARO, A. Y BERRUEZO, P.P. (2009). La pirámide del desarrollo humano. *Revista Iberoamericana de Psicomotricidad y Técnicas Corporales*, 34, 74-103.
- LE BOULCH, J. (1969). *La educación por el movimiento en la edad escolar*. Buenos Aires, Paidós.

- LE BOULCH, J. (1983). *El desarrollo psicomotor desde el nacimiento a los seis años.* Madrid, Doñate.
- LE BOULCH, J. (1987). *La Educación Psicomotriz en la Escuela Primaria.* Barcelona, Paidós.
- LEWIS, D. (1982). *Cómo potenciar el talento de su hijo. El niño hasta los 5 años.* Barcelona, Martínez Roca.
- MACAZAGA, A. (1990). La Educación Física en la Escuela Infantil: la motricidad. *Informes, nº 31*, pp. 17-26.
- MAUDIRE, P. (1988). *Los exilios de la infancia.* Barcelona, Paidotribo.
- MEDRANO, M.G. (1994). *El gozo de aprender a tiempo.* Huesca, MGM.
- MENDIARA, J. (1997). *Educación física y aprendizajes tempranos. Contribución al desarrollo global de los niños de 3 a 6 años y estudio de sus estrategias de aprendizaje en espacios de acción y aventura.* Tesis doctoral no publicada. Universidad de Zaragoza.
- MENDIARA, J. (1999). Espacios de acción y aventura. *Apunts, nº 56,* pp. 65-70.
- MENDIARA, J. (2008). La psicomotricidad educativa: un enfoque natural. *Revista Interuniversitaria de Formación del Profesorado, nº 62 (22.2),* pp. 199-220.
- MENDIARA, J. y GIL, P. (2003). *Psicomotricidad: evolución, corrientes y tendencias actuales.* Sevilla, Wanceulen.
- MINISTERIO DE EDUCACIÓN Y CIENCIA (1986). *Anteproyecto de Marco Curricular para la Educación Infantil. Programa experimental de Educación Infantil.* Madrid, MEC.
- MINISTERIO DE EDUCACIÓN Y CIENCIA (1989). *Diseño Curricular Base.* 4 volúmenes. Vol. 1: Educación Infantil, 223 páginas. Vol. 2: Educación Primaria, 435 páginas. Vol. 3: Educación Secundaria Obligatoria I, 361 páginas. Vol. 4: Educación Secundaria Obligatoria II, pág. 371 a 663. Madrid, MEC.
- MONTESSORI, M. (1987). *El niño, el secreto de la infancia.* Méjico, Diana.
- MUNIÁIN, J.L. (2001). Elementos para una definición de Psicomotricidad de Integración (PMI). *Psicomotricidad, revista de estudios y experiencias, nº 68-69,* pp. 23-65.
- PARLEBAS, P. (1981). *Contribution à un lexique commenté en science de l'action motrice.* París, INSEP
- PARLEBAS, P. (1988). *Elementos de sociología del deporte.* Málaga, Unisport/Junta de Andalucía.
- PASTOR PRADILLO, J.L. (1994). *Psicomotricidad escolar.* Colección cuerpo y educación. Universidad de Alcalá. Guadalajara.
- PIAGET, J. (1972). *Psicología y Pedagogía.* Barcelona, Ariel.
- PIAGET, J. (1973). *El nacimiento de la inteligencia en el niño.* Madrid, Aguilar.
- PIAGET, J. (1977). *Psicología de la inteligencia.* Buenos Aires, Psique.
- PICQ, L. y VAYER, P. (1969). *Educación psicomotriz y retraso mental.* Barcelona, Científico-médica.
- QUIRÓS, V. (2001). Hacia el descubrimiento de sí mismo: propuesta de intervención psicomotriz en el período 0-3 años. *Revista Iberoamericana de Psicomotricidad y Técnicas Corporales, nº 3,* pp. 77-88.

- ROGERS, C.R. (1972). *El proceso de convertirse en persona*. Buenos Aires, Paidós.
- ROGERS, C.R. (1975). *Libertad y creatividad en la educación. El sistema "no directivo"*. Buenos Aires, Paidós.
- ROGERS, C.R. (1980). *El poder de la persona*. Méjico, El Manual Moderno.
- SÁNCHEZ, J. y LLORCA, M. (2001). El rol del psicomotricista. *Revista Iberoamericana de Psicomotricidad y Técnicas Corporales, nº 3*, pp. 57-75.
- SERRABONA, J. *Breve revisión histórica de la psicomotricidad*. [http://fpce.blanquerna.edu/psicomotricidad/histo.htm].
- SERRABONA, J. (2003). *La psicomotricidad dentro del marco educativo*. Barcelona, Universitat Ramon Llull (Tesis doctoral inédita).
- SERRABONA, J. (2006). La intervención psicomotriz en la escuela. Un programa de actuación psicomotriz. La Psicomotricidad de Integración (PMI) en el marco educativo. *Revista Iberoamericana de Psicomotricidad y Técnicas Corporales, nº. 22*, pp. 139-152.
- VACA, M. (2000). Reflexiones en torno a las posibilidades educativas del tratamiento pedagógico de lo corporal en el Segundo Ciclo de Educación Infantil. *Revista Interuniversitaria de Formación del Profesorado, nº 37*, pp. 103-120.
- VACA, M. y VARELA, M.S. (2008). *Motricidad y aprendizaje. El tratamiento pedagógico del ámbito corporal (3-6)*. Barcelona, Graó.
- VAYER, P. (1977a). *El diálogo corporal*. Barcelona, Científico-médica.
- VAYER, P. (1977b). *El niño frente al mundo*. Barcelona, Científico-médica.
- VÁZQUEZ, B. (1989). *La Educación Física en la Educación Básica*. Madrid, Gymnos.
- VISCARRO, I. (2014). Tema d'anàlisi: ¿Quina és la situació actual de l'educació psicomotriu?, ¿quines són les perspectives de futur d'aquesta disciplina? *UT. Revista de Ciències de l'Educació, Juny 2014*, pp. 99-106.
- VISCARRO, I. y CAMPS, C. (2001). Una propuesta integradora entre las corrientes generales de la psicomotricidad. *Actas del I Congreso Estatal de Psicomotricidad "Desarrollo e intervención psicomotriz"*, Barcelona, FAPEE, pp. 281-291.
- WALLON, H. (1974). *Del acto al pensamiento*. Buenos Aires, Psique.
- WALLON, H. (1975). *Los orígenes del carácter en el niño*. Buenos Aires, Nueva Visión.
- WALLON, H. (1980). *La evolución psicológica del niño*. Barcelona, Crítica.
- YELA, M. (1979). Psicología del proceso educativo. En Y. Pélicier y F. Alonso-Fernández (Dirs.) *Enciclopedia de la Psicología y la Pedagogía (Tomo V): La psicología aplicada* (pp. 265-273). Madrid, Sedmay. París, Lidis.